Kuno B Heberlein

**Beiträge zur Kenntnis des Tellurs**

Kuno B Heberlein

**Beiträge zur Kenntnis des Tellurs**

ISBN/EAN: 9783744654401

Hergestellt in Europa, USA, Kanada, Australien, Japan

Cover: Foto ©ninafisch / pixelio.de

Weitere Bücher finden Sie auf **www.hansebooks.com**

Die vorliegende Arbeit wurde im Sommer-Semester 1896 und im Winter-Semester 1896/97 im chemisch-analytischen Laboratorium des eidgenössischen Polytechnikums zu Zürich ausgeführt.

Herrn Professor **Dr. F: P. Treadwell,** meinem hochverehrten Lehrer, sei für das Interesse, welches er der Arbeit entgegenbrachte, für die vielfache Unterstützung und Förderung derselben und besonders für die grosse Vergünstigung der Benützung seines Privatlaboratoriums zum Zwecke der anstandslosen Durchführung der Untersuchungen mein ergebenster Dank ausgesprochen.

Bei den physikalisch-chemischen Untersuchungen hatte ich mich des Rates von Herrn Privatdozent Dr. Constam, bei der Ausarbeitung der technischen Tellurgewinnungsmethoden des Beistandes von Herrn Ing. Ferdinand Heberlein zu erfreuen. Beiden Herrn danke ich an dieser Stelle aufs Beste.

London, August 1898.

# Inhaltsverzeichnis.

— 8 —

# Technische
# Tellurgewinnung aus Bleierzen.

## Einleitung.

Zur Zeit meiner Thätigkeit im chemischen Laboratorium des Blei- und Silberhüttenwerkes der «Società di Pertusola» bei Spezia in Italien erregte bei der Verarbeitung des Zinkschaumes das Auftreten eines eigentümlichen, zinnoberroten Destillationsproduktes Aufmerksamkeit. Bei näherer Untersuchung stellte es sich heraus, dass die Bildung dieses Körpers mit der Verhüttung einer ganz bestimmten Erzsorte tasmanischer Provenienz zusammenhing, welche sich durch einen geringen Tellurgehalt auszeichnete. Schon damals wurde auf das Vorkommen von Tellur in australischen Bleierzen hingewiesen und das Verhalten dieses seltenen Elementes beim Verarbeiten von tellurhaltigem Werkblei auf Handelsblei und

Feinsilber an Hand analytischer Belege eingehend
besprochen.[1]

Es sei mir gestattet, die damals angeführten
Thatsachen nochmals kurz zu wiederholen und zu
ergänzen, da dieselben zum Verständnis der später
zu besprechenden hüttenmännischen Tellurgewinnung
erforderlich sind :

Beim Verhütten[2] obengenannter Erze scheinen

---

[1] Berg- und Hüttenmännische Ztg. 1895, 41. Tellur im
Werkblei und sein Verhalten beim Entsilbern von Ferdinand
und Kuno Heberlein.

[2] Das feingemahlene Erz wurde in Fortschäuflungsöfen einem
oxydierten Sinterrösten unterworfen und hierauf im Schachtofen reduziert. Das dabei resultierende Silberblei (Werkblei)
wurde durch Saigerung und Raffination in einem Flammofen
für die Zinkentsilberung vorbereitet. Dadurch wird die Entfernung der im Werkblei gelösten Schwefelverbindungen : PbS,
CuS und die Beseitigung der das Blei hartmachenden Bestandteile : Antimon und Arsen bezweckt und im Wesentlichen
erreicht. Die Entsilberung des raffinierten Silberbleis durch
Zink geschieht am rationellsten in der Weise, dass man ihm
zunächst durch einen geringen Zinkzusatz die nie fehlenden
Spuren von Gold entzieht. Man gelangt so zu einem relativ
silberarmen ersten Zinkabhube, welcher neben dem Golde auch
das durch die Raffination bezw. Saigerung des Werkbleis nicht
vollständig entfernte Kupfer enthält. Durch einen bis zwei
kräftige Zinkzusätze wird dann das Blei fertig entsilbert.
Während es sich nun aber lohnt, den II. und III. Zinkabhub
wegen des höheren Silbergehaltes direkt auf Silber zu verarbeiten, muss der erste Abhub in der Regel (bei goldarmen
Bleien) zum Zwecke der Anreicherung nochmals im Schachtofen auf Blei verschmolzen werden, welches den oben beschriebenen Behandlungsweisen unterworfen wird. Sein I. Zinkabhub
ist aber dann im Gegensatz zu oben so reich an Gold, dass er
der Destillation unterworfen und das dabei hinterbleibende
Reichblei durch das sog. Abtreiben auf «Güldisch Silber» verarbeitet werden kann.

nur unbedeutende Verluste an Tellur stattzufinden; dasselbe geht dabei vielmehr fast ausschliesslich in das Werkblei über, dessen procentischer Tellurgehalt durch die vor der Entsilberung stattfindende Raffination merkwürdiger Weise keine beträchtliche Einbusse erleidet, während Antimon und Arsen, dadurch nahezu vollständig elliminirt werden können.[1]

Der Tellurgehalt des direkt aus den tellurführenden Erzen erzeugten Werkbleies[2] betrug höchstens:

$$Te = 0,009 \; Proc.$$

Da diese Erze jedoch aus technischen Gründen mit überwiegenden Mengen anderer, tellurfreier Erze verhüttet werden, so dürfte das Werkblei von Pertusola im Allgemeinen nur wenige Gramm Tellur pro Tonne enthalten haben.

Von der grössten Bedeutung für eine billige Extraction des Tellurs aus tellurhaltigen Bleien ist

---

[1] In einem besonders untersuchten Falle wurden durch die Raffination entfernt:

ca. 98 Proc. des vorhandenen Arsens
» 95 » » » Autimons
und nur » 7 » » » Tellurs.

[2] Das Tellur wurde bestimmt durch Auflösen von 100 bis 200 grs Blei in verd. Salpetersäure, Fällen der Hauptmenge Blei durch Schwefelsäure und Versetzen des Filtrates mit überschüssigem Ammoniak. Dabei fällt alles Tellur in Form der tellurigsauren Salze des Bleis, Wismuts, Eisens etc. aus. Dieser Niederschlag wird durch verd. Schwefelsäure und Weinsäure zersetzt und aus dem bleifreien Filtrat das Tellur nach Zugabe von etwas Salzsäure durch schweflige Säure in der Wärme gefällt.

seine Eigenschaft, bei der Entsilberung des Werkbleis durch Zink beinahe vollständig mit dem Golde in den ersten Zinkabhub überzugehen. Bei einem Tellurgehalt von

$$Te = 0,0025 \text{ Proc.}$$

z. B. genügen erfahrungsgemäss 0,25 Proc. Zink vom Gewichte des vorlaufenden Silberbleis, um ca. 95 Proc. der gesammten Tellurmenge im ersten Zinkabhube zu concentrieren. Auf diese Weise ist es möglich, eine kostenlose Anreicherung des Tellurs vorzunehmen, da ja die nämliche Operation, des Goldes wegen, so wie so ausgeführt wird. Von Zeit zu Zeit, nach Anhäufung einer grossen Menge dieser ersten gold-tellurhaltigen Zinkabhübe werden dieselben im Schachtofen auf ein goldhaltiges Werkblei verschmolzen, dessen Tellurgehalt zwischen

$$Te = 0,005 \text{ Proc. bis } Te = 0,030 \text{ Proc.}$$

schwankt. Nach erfolgter Saigerung und Raffination wird dieses Blei durch einen den Verhältnissen entsprechenden Zinkzusatz vom Golde und Tellur befreit und die dabei entstehende Legierung von Zink, Blei, Kupfer, Silber, Gold, Tellur etc. zur Erzeugung des Reichbleis und behufs Rückgewinnung des Zinks der Destillation unterworfen. Es wurde beobachtet, dass dabei ca. 10 Proc. des im rohen Werkblei vorgelaufenen Tellurs mit dem Zink überdestillieren, besonders reichlich gegen Ende der Operation; es sammelt sich in der Vorlage in Form des eingangs erwähnten, roten Körpers an, welcher namentlich

als dünne Umhüllung der unendlich kleinen Zink-
kügelchen auftritt, welche den Zinkstaub bilden.[1][2]

Die Hauptmenge des Tellurs ist jedoch in dem
im Destillationsapparate zurückbleibenden Reichblei
enthalten (ca. 80—90 Proc.). Es ist schon vorge-
kommen, dass dessen Tellurgehalt 0,5 Proc. über-
schritt. Gehalte von 0,2—0,3 Proc. sind keine Sel-
tenheit.

Beim Abtreiben des Reichbleis bietet das Tellur,
entgegen jeder Voraussetzung, aber in vollkommener
Uebereinstimmung mit seinem Verhalten bei der

---

[1] Bekanntlich bildet sich beim Zusammenschmelzen von
Zink und Tellur im Verhältnisse ihrer Atomgewichte rotes Zinktellurid, welches mit Salzsäure oder Schwefelsäure Tellurwasserstoff entwickelt. Es lag nun die Vermutung nahe, dass das bei
der Zinkschaumdestillation auftretende rote Produkt seinem
Aussehen nach zu schliessen, ebenfalls Zinktellurid sei, um so
mehr, als die Bedingungen zur Bildung desselben vorhanden
waren. Merkwürdigerweise jedoch entwickelten die roten Krusten
beim Auflösen in Salzsäure oder Schwefelsäure keine Spur
Tellurwasserstoff, was durch Durchleiten der entwickelten Gase
(hauptsächlich Wasserstoff, etwas Arsenwasserstoff) durch Vorlagen von Silbernitrat und Kalilauge und nachherige Prüfung
dieser Flüssigkeiten auf Tellur, konstatiert wurde.
Es ist mir erst kürzlich gelungen, den roten Körper durch
anhaltendes Schütteln mit Quecksilber und ganz verd. Essig-
säure zu isolieren, d. h. von dem anhaftenden metallischen Zink
und beigemengtem Zinkoxyd zu befreien, ohne ihn selbst zu
verändern. Er besitzt die Eigentümlichkeit, dem Lichte ausgesetzt innert weniger Tage seine ursprünglich lebhaft rote
Farbe zu verlieren, und mit einer dunkel braunroten zu ver-
tauschen.
[2] Zuweilen gewahrt man auf der glatten Zinkoberfläche
ganz regelmässige, blätterartige, schwarze Zeichnungen. Unter
dem Mikroskop lassen sich metallglänzende Krystalle erkennen.

Werkbleiraffination, welche bekanntlich ebenfalls in einem oxydirenden Schmelzen besteht, der Oxydation weit hartnäckigeren Widerstand entgegen, als die meisten übrigen Verunreinigungen des Bleis, vor allem als dieses selbst. Die natürliche Folge dieses Verhaltens, welches beispielsweise auch dem Wismut eigentümlich ist, ist, dass Hand in Hand mit dem Fortschreiten des Kuppelationprocesses gleichzeitig mit dem Silber auch eine stetige Anreicherung des Tellurs stattfindet, währenddem die entstehende Glätte bei Weitem tellurärmer ist, als das vorlaufende Reichblei war. Sie wird, da sie in der Regel unter 0,10 Proc. Tellur enthält, nicht auf Tellur verarbeitet, sondern mit andern tellurhaltigen Hüttenprodukten in tellurhaltiges Blei zurückverwandelt, dessen Tellur auf die schon beschriebene Weise durch Zink extrahiert und angereichert werden kann.

Um zu vermeiden, dass grössere Mengen von Tellur in die Glätte gehen und sich auf diese Weise zunächst der Gewinnung entziehen, ist ohne Zweifel das Arbeiten im deutschen Treibherde demjenigen im englischen vorzuziehen. Da jedoch in Pertusola ausschliesslich der englische Treibprozess ausgeübt wird, so konnten Versuche im Grossen als Beweis für diese Ansicht nicht ausgeführt werden. Eine einfache Ueberlegung führt jedoch zu der Schlussfolgerung, dass die im deutschen Treibherde[1] erzeugte

---

[1] Unter dem Abtreiben des Bleies versteht man seine Ueberführung in Bleioxyd (= Bleiglätte) zum Zwecke der Gewinnung

Glätte tellurärmer sein muss, als beim englischen Prozess, da die Menge der vorhandenen Elemente, die vor dem Tellur eine Oxydation erfahren, im ersteren Falle stets eine bedeutend grössere ist, als im zweiten. Im deutschen Treibofen muss infolgedessen ein tellurreicheres Rohsilber erhalten werden, als im englischen, was für das Tellurausbringen von direktem Einflusse ist, da eben dieses tellurhaltige Schwarzsilber (resp. die aus ihm erzeugte Tellurglätte, siehe unten) ein weiteres, und zwar das hauptsächliche Ausgangsmaterial für die Gewinnung des Tellurs bildet.

der darin enthaltenen Edelmetalle. Auf die Oberfläche des heissen Metallbades wird Luft geblasen, wodurch die unedeln Metalle in Oxyde, die sog. Bleiglätte, verwandelt werden, welche durch die Glättegasse beständig abfliesst, im Treibherde eine an Silber immer reicher werdende Legierung, und schliesslich Silber selbst, hinterlassend. Dieses Roh- oder Blicksilber enthält nun eine Reihe von Verunreinigungen, welche aus den beim Abtreiben am schwersten oxydierbaren Metallen, insbesondere Kupfer, bestehen. Wie sich aus dem Texte ergibt, verhält sich Tellur analog und findet sich im Rohsilber angereichert. Das Rohsilber kann nun entweder durch das sog. «Feinbrennen» gereinigt werden, indem man es in einem gesonderten Ofen unter Aufblasen von Luft einschmilzt, oder man führt die Raffination im Treibherde selbst dadurch aus, dass man je nach seiner Menge 50—100 Kg. weiches Blei in dasselbe einschmilzt und von neuem abtreibt. Silber von 900 Feinheit kann durch diese einfache Operation mit Leichtigkeit 999 fein erhalten werden.

Der prinzipielle Unterschied zwischen den d e u t c h e n und dem e n g l i s c h e n T r e i b p r o z e s s besteht nun darin, dass beim ersteren die gesammte Menge des zu verarbeitenden Reichbleis auf einmal eingeschmolzen und verarbeitet wird, während bei letzterem der Zusatz von frischem Blei in dem Masse erfolgt, als dem Bade Blei durch Ueberführung in Glätte entzogen wird.

Immerhin besass das in Pertusola nach dem
englischen Verfahren aus tellurhaltigem Reichblei erzeugte Blicksilber [1] einen Tellurgehalt von gewöhnlich
1 Proc., häufig war derselbe jedoch höher. Das
tellurhaltige Rohsilber besitzt an der Bruchfläche ein
stahlähnliches Aussehen und ist äusserst spröde.
Die Reinigung dieses primären Produktes geschieht durch Eintränken von ca. 50 kg. Raffinat-
blei auf je 200 kg. Rohsilber und nochmaliges Abtreiben. Es ist dadurch nicht nur möglich, das
Tellur nahezu vollständig aus dem Silber zu entfernen,[2] sondern es auch gleichzeitig in einer relativ

[1] Analyse eines tellurhaltigen Rohsilbers.

$$Te = 0,9487 \text{ Proc.}$$
$$Sb = 0,0197 \text{ »}$$
$$As = Spuren$$
$$Se = do.$$
$$Pb = 0,1785 \text{ »}$$
$$Cu = 1,9332 \text{ »}$$
$$Bi = 0,0140 \text{ »}$$
$$Fe = 0,0113 \text{ »}$$
$$Zn = 0,0032 \text{ »}$$
$$Co + Ni = 0,0013 \text{ »}$$
$$Au = 0,6190 \text{ »}$$
$$\text{als Differenz } Ag = 95,2711 \text{ »}$$

$$100,0000$$

[2] Der Käufer von Feinsilber stellt hohe Anforderungen an
die Reinheit des Metalles. Das Tellur macht als Verunreinigung
des Silbers namentlich bei der Verwendung des letzteren zu
galvanoplastischen Zwecken Schwierigkeiten geltend. Nach einer
Mitteilung von Herrn Dr. Heinrich Rössler lässt sich das Tellur
nachträglich am besten und vollständigsten dadurch entfernen,

geringen Menge von Bleiglätte in einer Form zu concentrieren, welche für seine spätere Gewinnung geeignet ist. Zum Unterschiede von der gewöhnlichen Glätte will ich dieses Produkt mit dem Namen «Tellurglätte» belegen, eine Bezeichnung, welche wohl berechtigt ist, wenn man berücksichtigt, dass der Tellurgehalt dieser Glätte in einem besonders günstigen Falle 13,4 Proc. betrug. Die Tellurglätte lässt sich auch äusserlich leicht an ihrem glatten muscheligen Bruch und ihrer eigentümlichen roten Farbe erkennen.

Folgende Tabelle soll übersichtlich zeigen, wie sich das Tellur bei der Verarbeitung des Werkbleis verhält. Es treten natürlich Variationen ein, je nachdem sich das Verhältnis von Te : Ag im Reichblei ändert. Die angeführten Zahlen wurden durch Analyse sämmtlicher bei der Verarbeitung von 40 Tonnen tellurhaltigem Werkblei erhaltenen Produkte ermittelt.

----

dass man die saure Lösung des Silbernitrats zur Trockene verdampft und hierauf mit Wasser aufnimmt: Silbertellurit $Ag_2TeO_3$ bleibt dabei ungelöst.

Ein weiterer Nachteil, der dem Tellur zugeschrieben wird, soll nach privaten Angaben von anderer Seite darin bestehen, dass das durch elektrolytische Scheidung erhaltene Gold tellurhaltig wird und nach dem Schmelzen braune Flecken zeigt.

Ueber letztere Wirkung des Tellurs besitze ich jedoch persönlich keinerlei Erfahrung.

**Werkblei** = 0,0097 Proc. Tellur

**Raffinirtes Werkblei** = 0,0089 Proc. Tellur

**Zinkentsilberung**

| I. **Zinkabhub** | Blei nach dem I. Zinkabhub Te = 0,0010 Proc. |
| destillirt | Blei nach dem II. Zinkabhub Te = 0,0005 » |

| **Destillat**=Zink | **Rückstand** = Reichblei m. 0,362 Proc. Te |
| mit welchen ca. | enthält ca. 85% |
| 100/0 der Gesammt- | der Gesammt- |
| tellurmenge über- | tellurmenge |
| geht = A | |
| | Treibarbeit |

**Gewöhnliche Glätte** **Rohsilber** = 1.257 Proc. Te
Tellur = 0,109 Proc.

**Tellurglätte** : Te = 5,764 Proc.
= B.

Man erhält also besonders zwei Produkte, deren Verarbeitung auf Tellur sich lohnt, nämlich:

**A.**, Tellurhaltige, zinkische Produkte der Destillation.

**B.**, Tellurglätte.

Die allgemein in der Litteratur [1], [2] verbreitete

---

[1] Transact. of the Amer. Inst. of. Min. Eng. Colorado Meeting Sept. 1896.

P. C. Smith sagt : **Man** kann den Einfluss des Tellurs aus zwei Gesichtspunkten betrachten :

a) Das Verschmelzen der Erze, wobei das Tellur verloren geht, etc.

[2] Ueber das Vorkommen des Tellurs und seine Gewinnung aus den Erzen, von E. Privoznik, Wien 1893.

pag. 5 : Die reichen Tellurerze gelangten unverröstet zur Verbleiung oder zur Treibmanipulation, wobei alles Tellur sich verflüchtigt und, wie behauptet wird mit den Tellurdämpfen nicht unbeträchtliche Mengen von Gold und Silber entweichen, etc.

Ansicht, dass das Tellur bei den hüttenmännischen Operationen durch Verflüchtigung ganz verloren gehe, ist also nicht zutreffend. Der Umstand, dass dasselbe vielmehr in den festen Hüttenprodukten zum grössten Teile erhalten bleibt erkläre ich mir durch die Beobachtung, dass sich das Bleioxyd schon bei beginnender Rotglut mit Tellurdioxyd zu Bleitellurit vereinigt, wodurch das Tellur in eine nicht flüchtige Verbindung übergeht. Da aber sowohl beim Rösten der Erze als namentlich auch beim Abtreiben des Reichbleis das Bleioxyd im Vergleich zur tellurigen Säure stets in grossem Ueberschuss vorhanden ist, so ist es begreiflich, dass trotz der grossen Ofenhitze nur wenig tellurige Säure entweicht. In der That enthält der Hüttenrauch von den verschiedenen Operationen weit weniger Tellur, als man erwarten sollte.

Schliesslich will ich noch bemerken, dass eine Verflüchtigung des Tellurs nur in Form von Tellurdioxyd denkbar wäre und dass nicht, wie Privoznik in seiner Schrift pag 5 angibt, «Tellurdämpfe» auftreten, da die Telluride äusserst beständige Verbindungen sind und selbst bei Weissglut nicht dissociiren. (Siehe später unter Atomgewichtsbestimmung.)

# I

# Gewinnungsmethoden des Rohtellurs.

Um einesteils eine zu grosse Anhäufung und eventuell lästige Wirkung des Tellurs im Betriebe zu vermeiden, andernteils, um dieses wertvolle Element zu gewinnen, wurden mit den percentuell reichsten Produkten i. e.:

A. Tellurhaltige Zinkdestillationsprodukte,

B. Tellurreiche Glätte von der Silberraffination Versuche zu ihrer Aufarbeitung angestellt. Die jeweils angeführten Zahlenbelege über die Qualität und Quantität des erzeugten Tellurs verdienen besondere Beachtung, da sie nicht etwa durch Laboratoriumsversuche ermittelt wurden, sondern der wahre Ausdruck für die Ergebnisse im Grossen ausgeführter Operationen sind.

## A. Verarbeitung der tellurhaltigen Zinkdestillationsprodukte.

Eine bedeutende Ausreicherung dieses Ausgangs-
produktes wurde durch Aussaigern des Zinkes unter
möglichstem Luftausschluss erreicht. Das abfliessende
Zink war sehr arm an Tellur, während das immerhin noch beträchtliche Mengen metallischen Zinkes
und Zinkoxyd enthaltende, ungeschmolzene Pulver
bis zu sechs Procent davon enthielt. Eine besondere Probe zeigte folgende Zusammensetzung:

$$
\begin{aligned}
Te &= 3,94 \quad \text{Proc.}\\
Se &= 0,28 \quad \text{»}\\
Zn &= 40,44 \quad \text{»}\\
ZnO &= 33,61 \quad \text{»}\\
Pb &= 6,72 \quad \text{»}\\
Ag &= 0,02 \quad \text{»}\\
Cu &= 0,04 \quad \text{»}\\
Cd &= 0,07 \quad \text{»}\\
As &= 0,02 \quad \text{»}\\
Sb &= 0,005 \quad \text{»}\\
S &= 0,002 \quad \text{»}\\
Fe_2O_3 &= 2,91 \quad \text{»}\\
Al_2O_3 &= 2,84 \quad \text{»}\\
\text{Graphit, Thon} \atop \text{Quarz} \Big\} &= 8,91 \quad \text{»}
\end{aligned}
$$

Aus der Tiegelmasse
und dem
feuerfesten Thon
stammend.

99,807 Proc.

Zur Beseitigung des Zinkoxydes und des metallischen Zinks wurde die pulverförmige Masse in Holz-
bottichen oder Steinguttöpfen mit der nötigen Menge
verdünnter Schwefelsäure behandelt und zwar zur
Beschleunigung der Operation unter Einleiten von

Dampf. Da das entweichende Wasserstoffgas beträchtliche Mengen von Arsenwasserstoff enthält, so ist die grösste Vorsicht geboten und die Manipulation in einer guten Abzugskammer auszuführen. Durch eine Reihe übereinstimmender Versuche wurde jedoch festgestellt, dass dabei Verluste an Tellur und Selen durch Bildung der Hydrüre glücklicherweise nicht stattfinden. Beide hinterbleiben vielmehr quantitativ als ein schwarzer Metallschlamm, welcher auch das im Ausgangsmaterial vorhanden gewesene Blei, Kupfer etc. enthält. Dieser Metallschlamm liess sich mit Leichtigkeit durch einfaches Schlämmen von den erdischen Bestandteilen, Graphit, Thon etc. befreien und besass dann beispielsweise folgende Zusammensetzung : [1]

$$Te = 35,45 \ Proc.$$
$$Se = 2,71 \ »$$
$$Pb = 60,91 \ »$$
$$Cu = 0,37 \ »$$
$$Ag = 0,17 \ »$$

Der Tellurgehalt dieses Schlammes betrug selten über 40 Proc. Zur Gewinnung von reinem Tellur aus demselben ist man nun auf rein analytische Methoden angewiesen und zur Erreichung dieses Zweckes stehen natürlich sehr viele Wege offen.

----

[1] Herr Prof. Kaemmerer arbeitete grössere Mengen des tellurhaltigen Zinkischen Produktes auf und machte dabei die höcht interessante Beobachtung, dass der in Schwefelsäure unlösliche Metallschlamm auch einige Platinmetalle, insbesondere Osmium und Iridinium enthielt.

Ich muss hier auf den späteren Abschnitt II., A. B. über die «Reinigung des Rohtellur Seite 36—39 verweisen.

— — —

## B. Verarbeitung der Tellurglätte.

Die Tellurglätte bildete das Hauptausgangsmaterial für die Tellurgewinnung. Das Tellur ist in ihr als Bleitellurit: $PbTeO_3$ in schwankenden Mengen enthalten. (Siehe S. 18.)

Analyse einer Tellurglätte:

$$Te = 3,344 \text{ Proc.}$$
$$Sb = 0,097 \text{ »}$$
$$\left. \begin{matrix} Se = \\ As = \end{matrix} \right\} \text{Spuren »}$$
$$Pb = 74,344 \text{ »}$$
$$Ag = 1,129 \text{ »}$$
$$Au = 0,0008 \text{ »}$$
$$Cu = 5,971 \text{ »}$$
$$Bi = 0,054 \text{ »}$$
$$Fe = 0,061 \text{ »}$$
$$Zn = 0,021 \text{ »}$$
$$CO + Ni = 0,004 \text{ »}$$
$$SiO_2, CaO, Al_2O_3, P_2O_5 = 2,458 \text{ »}$$
$$CO_2 + \text{Sauerstoff der Metalloxyde, } = \text{Rest.}$$

Wie aus dieser Analyse ersichtlich ist, ist die in der Glätte enthaltene Menge Selen im Verhältnis zum Tellur eine ungeheuer kleine, während die tellurhaltigen Zinkdestillationsprodukte bedeutend reicher daran waren. Das aus letzteren dargestellte gereinigte Tellur enthielt bisweilen bis zu 10 Proc. Selen, während das der Tellurglätte entstammende Tellur selenfrei war.

Bevor die jetzt üblichen Verfahren (b und c) adoptiert wurden, gelangten mit mehr oder weniger gutem Erfolge versuchsweise eine Reihe anderer Methoden zur Ausführung.

a) Schmelzen mit Glaubersalz und Kohle. Beispielsweise wurde die Glätte mit Glaubersalz und Holzkohlenpulver in Tiegeln niedergeschmolzen, die in Stücke zerschlagene Sulfidschmelze mit heissem Wasser gelaugt und das Tellur — gleichzeitig mit etwas Antimon — durch Säurezusatz zur Thiosalzlösung niedergeschlagen. Das Gemenge der Sulfide wurde mit Hülfe von Salzsäure und Chlorkalk gelöst und das Tellur schliesslich durch schweflige Säure gefällt. Das Tellur war jedoch bedeutend durch Kupfer und Blei verunreinigt, deren Sulfide sich auch nach Brauners Beobachtung unter den gegebenen Verhältnissen in reichlicher Menge lösen.[1]

Es wurden auch Versuche darüber angestellt, das Tellur aus der Sulfosalzlösung elektrolytisch direkt als Metall abzuscheiden. Es mag hier erwähnt werden, dass die Abscheidung unter Einhaltung der für Antimon[2] bekannten Bedingungen eine nahezu quantitative ist, jedoch an dem Uebelstande krankt, dass das Tellur dabei als Pulver erhalten wird.

b) Sodaverfahren: Obgleich das Tellurausbringen durch die beschriebene Schmelzoperation mit $Na_2SO_4 + C$ ein gutes zu nennen war, so wurde dieser

---

[1] Wiener Monatshefte für Chemie X. 414.
[2] Classen's quantitative Analyse durch Elektrolyse.

Weg dennoch wieder verlassen, da mein Bestreben dahin gerichtet war, den gleichen Zweck zu erreichen ohne die für den Bleihüttenbetrieb so wertvolle Glätte in Sulfid überführen zu müssen.

Da das zu den späteren Untersuchungen dienende Tellur nach dem Sodaverfahren erzeugt wurde, und da ich überhaupt grössere Mengen von Tellur mit dessen Hülfe darstellte, so will ich diese Methode etwas eingehender beschreiben. Sie beruht auf der einfachen Umsetzung von tellurigsaurem Blei und Soda

$$Pb\,TeO_3 + Na_2CO_3 = Na_2TeO_3 + PbCO_3$$

wobei das Tellur als wasserlösliches Natriumtellurit erhalten wird.

Ursprünglich wurde das Schmelzen der mit calcinirter Soda gemengten Tellurglätte in Eisentiegeln oder Thontiegeln ausgeführt. Da jedoch auf einmal nur relativ kleine Mengen zur Verarbeitung gelangen konnten, der Verbrauch an Brennmaterial infolge des schlechten Wärmeleitungsvermögens des pulverförmigen Gemenges ein ausserordentlich grosser und die Dauerhaftigkeit der Tiegel aus diesem Grunde eine sehr beschränkte war, so versuchte ich, die Tellurglätte im Momente ihrer Bildung, also im Treibherde, mit der Soda in Berührung zu bringen. Ungefähr 20 Procent calc. Soda von dem zur Rohsilberraffination zugesetzten Blei, wurden nach und nach auf das glühende Metallbad gebracht, wo sofortiges Schmelzen eintrat. Während des Eintragens und bis zum erfolgten Schmelzen der Soda musste

der Gebläsewind abgestellt werden, um Sodaverluste
möglichst zu vermeiden. Im Treibherde selbst ist
ein Mischen der geschmolzenen Glätte und Soda
wegen der grossen Differenz zwischen den specifischen Gewichten beider Körper und infolge der
vorhandenen beweglichen Unterlage (geschmolzenes
Silber) kaum möglich. Das durch die Glättegasse
continuierlich abfliessende Gemenge von Glätte und
Soda gelangte in eine halbkugelförmige, gusseiserne
Pfanne, welche durch ein Koksfeuer heiss gehalten
werden konnte. Aber auch bei Umgehung letzterer
Vorsichtsmassregel bleibt die Masse noch lange Zeit
flüssig und muss, um eine möglichst innige Berührung zwischen Soda und Glätte zu erreichen, durch
Umrühren in beständiger Bewegung gehalten werden.
Nach dem Erkalten wurde die Glätte in Stücke zer-
schlagen, auf einer Kugelmühle. staubfein gemahlen
und mit heissem Wasser ausgelaugt.

Verarbeitung der Karbonatslauge siehe S. 29.

Diese an und für sich gute Arbeitsweise wirkte
jedoch sehr störend auf den regelmässigen Gang des
Abtreibens. Durch das häufige Oeffnen der Arbeits-
thüre und das Eintragen kalter Soda wurde durch die
eintretende Temperaturerniedrigung nicht allein die
Arbeit verzögert, sondern die zerstörende Wirkung
der Soda auf den Test (Knochenasche) machte sich
beim Ausfliessen aus der Glättegasse auch in unan-
genehmer Weise bemerkbar.

Die letzterwähnten Uebelstände werden dadurch
umgangen, dass die Tellurglätte, anstatt im Treib-

herde, nachträglich auf einem heissen Bleibade in einem Flammofen mit Sóda zusammengeschmolzen wurde. Hierauf wurde abgekühlt und die gebildeten Krusten, welche aus zwei scharf getrennten Schichten von Glätte und Soda bestanden, abgehoben. Dieses Produkt liess sich dann in Tiegeln mit Leichtigkeit umschmelzen, da kompakte Stücke die Wärme bedeutend besser leiten als die nämliche Substanz in pulverförmigem Zustande. Dieses Umschmelzen war unbedingt erforderlich, da die Berührung von Soda und Glätte auf dem Bleibade nicht innig genug war.

Einem Entmischen von Glätte und Soda in geschmolzenem Zustande kann dadurch vorgebeugt werden, dass man entweder die Glätte im Verhältnisse zur Soda in grossem Ueberschusse anwendet, oder auch umgekehrt die Soda in grossem Uebermaasse zugibt. Letzteres ist natürlich vorzuziehen. Aber selbst bei Anwendung des mehrfachen Gewichtes an Soda war es merkwürdigerweise doch nicht möglich, alles Tellur auf diese Weise in lösliches Natriumtellurit $Na_2TeO_3$ zu verwandeln, sondern im besten Falle ca 70 Procent. Eine Erklärung hierfür suche ich darin zu erblicken, dass wahrscheinlich nicht alles Tellur in Form von Bleitellurit $PbTeO_3$ in der Glätte enthalten ist, sondern sich z. T. auch als Telluride, z. B. $Ag_2Te$, darin befindet. Die Eigenschaft der Tellurglätte, sich mit conc. Schwefelsäure direkt rot zu färben, bestärkt mich in dieser Anschauung.

Weniger vollständig, als beim Schmelzen, war

die Umsetzung von Bleitellurit und Soda auf nassem
Wege, d. h. beim Behandeln der Tellurglätte mit
Sodalösungen. Dieses nasse Verfahren besitzt jedoch
andrerseits so viele Annehmlichkeiten, dass ich es,
namentlich auf tellurarme Glätte vom ersten Treiben
herrührend, häufig anwandte. Dasselbe besteht in der
methodischen Auslaugung der feingemahlenen Glätte
mit einer 10-15 prozentigen heissen Sodalösung, die
in grossen gusseisernen Kesseln mit Unterfeuerung
ausgeführt wurde. Es wurde stets ca. 1 Tonne der
Glätte in einer Operation behandelt. Um ein An-
backen der Glätte zu verhüten und sie in vollem
Maasse der Einwirkung der Soda auszusetzen, wurde
sie mit Schaufeln beständig aufgewirbelt. Das Tellurausbringen hängt wesentlich von dem Grade der
Feinheit der Glätte und der Dauer der Einwirkung
der Sodalösung auf dieselbe ab. Durch mehrmalige
Verwendung ein und derselben Sodalösung konnte
dieselbe beständig angereichert werden. Es ist natürlich am Vorteilhaftesten, die schon mit Tellur be-
ladene Lauge mit frischer Glätte in Berührung zu
bringen, während man die frische Sodalösung auf
die beinahe erschöpfte Glätte einwirken lässt.

Es können auf diese Weise unter geringem
Aufwand an Arbeit in kurzer Zeit grosse Mengen
von Glätte aufgearbeitet worden, was beim Schmelzen mit Soda auf grosse Hindernisse stossen würde.
Es war infolgedessen möglich, auch die während
des normalen Treibens erhaltene tellurärmere Glätte
(0,03—0,1 Procent) zu verwerten. Die Laugerück-

stände enthielten allerdings noch 40—50 Procent ihrer ursprünglichen Tellurmenge, während dieselbe bei günstigen Schmelzoperationen nur etwa 30 Procent betrugen. Dieser Uebelstand war jedoch um so eher zu verschmerzen, als das im Rückstande verbliebene Tellur nicht verloren ist, sondern bei geeigneter Verarbeitung derselben auf hüttenmännischem Wege zum grössten Teile in concentrierterer Form wieder zum Vorschein kommt.

### Verarbeitung der tellurhaltigen Karbonatlaugen.

Die Verarbeitung tellurhaltiger Karbonatlaugen geschieht, gleichgültig auf welche Weise dieselben erhalten wurden, durch Ansäuren und nachherige Niederschlagung des Tellurs durch schweflige Säure, Zink oder Eisen u. s. f. Da die Laugen jedoch ausser Soda und dem tellurigsauren Natrium stets noch beträchtliche Mengen von Blei enthalten, so eignet sich zum Ansäuren die Schwefelsäure am Besten, indem das Blei dabei in Form von Sulfat leicht zu beseitigen ist. Beim Ansäuren ist es von Wichtigkeit darauf zu achten, dass sich die Säure stets im Ueberschuss befindet, was leicht dadurch erreicht werden kann, dass man die Lauge in die Säure einträgt. Aus der neutralen oder nahezu neutralen Lösung würde sich nämlich ein Gemenge von telluriger Säure, tellurigsaurem Blei oder dem basischen Salze in Form eines voluminösen Niederschlages abscheiden, welcher nur unter Aufwand eines grossen Säureüberschusses wieder zersetzt werden könnte. Leitet man jedoch die tellurhaltige Lauge unter beständigem Umrühren in verdünnter Schwefelsäure ein, so ist diese Gefahr ausgeschlossen. Die klare Lösung wird von dem ausgeschiedenen Bleisulfat abgehebert, worauf zur Fällung des Tellurs durch ein geeignetes Reduktionsmittel geschritten werden kann. Bei Anwendung von schwefliger Säure gelangt man direkt zu einem Produkte von grosser Reinheit (über 99 Procent Te), das namentlich nahezu blei- und kupferfrei ist.

Ursprünglich verwendete ich zum Fällen ausschliesslich blanke Eisenbleche, welche in grosser Zahl in die schwefelsaure Lösung eingehängt und häufig von dem anhaftenden Tellur befreit wurden. Je nach dem Tellurgehalt der Lösung war die Fällung früher oder später, gewöhnlich in 2—3 Tagen beendigt.

Der gewaschene und getrockente Tellurschlamm wurde in der Regel ohne weitere Reinigung auf ein über 90 procentiges Rohtellur verschmolzen.

Das Trocknen des Tellurschlammes darf erst nach gründlichem Aussüssen vorgenommen werden, da die Schwefelsäure sonst Oxydation des äusserst feinen Tellurpulvers bewirkt. Die Verunreinigungen des mit Eisen gefällten Tellurs bestanden in geringen Mengen von Blei, Kupfer, etwas Wismut, Antimon und Schwefel. Letzterer verdankte seine Gegenwart dem Schwefelgehalte des Eisens. Zehn Gewichtsteile Tellur wurden mit 4 Teilen eines Gemenges von Borsäure und Kaliumchlorid innig gemischt, in Thontiegeln festgestampft und unter einer starken Decke von Kalium-Natriumchlorid durch allmähliges Erhitzen im Koksofen zum Schmelzen gebracht. Sobald die Salzdecke zu schmelzen begann, wurde neues Fluss- mittel nachgetragen, um den obern Teil des Tiegels kühl zu halten und so einer Verflüchtigung von Tellur vorzubeugen. Schliesslich wurde der Tiegel noch einige Minuten dem stärksten Feuer ausgesetzt und hierauf sein ganzer Inhalt in eine Form gegossen, in welcher das Tellur, durch die Schlacke von der Einwirkung der Luft geschützt, abgekühlt wurde.

Während des Einschmelzens beobachtete Ver- luste an Tellur konnte ich auf einen Gehalt des Tellurschlammes an basischem Eisensulfat zurück- führen. Dieses wirkte bei der hohen Temperatur durch Abgabe von Schwefeltrioxyd oxidierend auf das Tellur und brachte es zum Teil als Tellurdioxyd zur Verflüchtigung. Durch Zugabe einer grösseren Menge von Salzsäure zur schwefelsauren Tellurlösung vor der Fällung mit Eisen wurde dieser Uebelstand beseitigt. Ein geringer Verlust beim Einschmelzen durch Verflüchtigung von Teo, ist jedoch nicht ab- solut zu vermeiden, da sich das unendlich feine, präcipitierte Tellur schon beim Trocknen stets in ge- ringem Grade oxydiert.[1] Es ist deshalb am Vor-

---

[1] (Wiener Monatshefte f. Ch. X. 426.) Brauner fand, dass selbst das im Kohlensäurestrom getrocknete Tellur beim Schmelzen im Wasserstoffstrome deutliche Wassertropfen gab, ein Beweis, dass sich das Tellur beim Auswaschen schon teil- weise oxydiert hatte.

teilhaftesten, das Tellur im Wasserstrome einzuschmelzen.

Die Fällung der sauren Tellurlösung durch Eisen wurde später wieder aufgegeben, da es als vorteilhafter erschien, die Verarbeitung der Tellurglätte mit derjenigen der tellurhaltigen Zinkdestillationsprodukte in der Weise zu kombinieren, dass letztere wegen ihres bedeutenden Gehaltes an metallischem Zink an Stelle des Eisens als Fällungsmittel verwendet wurden. Der entstehende Tellurschlamm wurde dadurch allerdings bedeutend unreiner, da sich demselben auch alle im Zink enthaltene Unreinigkeiten, namentlich Blei und Kupfer, beigesellten. Da es jedoch schliesslich nicht viel mehr Mühe verursacht, ein sechzig procentiges Rohtellur zu reinigen, als ein solches mit nur 20 Proc. Unreinigkeiten, so fällt dieser Umstand gegenüber den Vorteilen, welche das modificierte Verfahren bietet, kaum in Betracht.

Die nämliche Beobachtung konnte ich bei quantitativen Tellurbestimmungen machen, bei welchen das durch schweflige Säure gefällte Pulver zur Wägung gelangte. Beim Trocknen bei 120° C. im Thermostaten konnte ich niemals ein konstantes Gewicht finden. Dasselbe nahm vielmehr beständig zu, ein Beweis, dass die Oxydation schon bei relativ so niederer Temperatur eine unverkennbare ist.

Tellur bei 120° getrocknet . . . . . . = 0,1757 gr.
» nach weiterem 2 stündigen Erhitzen = 0,1760 » b. 120°
» » » 1¹/₂ » » = 0,1764 » b. 120°

Die gewöhnliche Bestimmungsmethode des Tellurs: «Wägung des trockenen, durch $SO_2$ — gefüllten Metalls», ist demnach nicht absolut richtig. Die Unterschiede sind jedoch so unbedeutend, dass sie für gewöhnliche Zwecke nicht ins Gewicht fallen.

Ausser der Ersparnis au Arbeit und Säure spricht
für die Anwendung der zinkischen Tellurmaterialien
noch die schnellere Beendigung der Reduktion. [1]

c) Salzsäureverfahren: Wie bereits
erwähnt, besitzt das Sodaverfahren neben seinen
sonstigen grossen Vorzügen: Einfache und billige Behandlung grosser Mengen von Tellurglätte, sowie grosse Reinheit des Produktes, die einzige Schattenseite, dass ein beträchtlicher Teil des
Tellurs stets in den Rückständen verbleibt. Es erschien deshalb namentlich für die Aufarbeitung der
reichen Tellurglätte (3—14% Te) wünschenswert,
ein Verfahren auszuarbeiten, das eine vollständige
Extraktion des Tellurs gestattete, was durch Auf-
schliessen der feingemahlenen Glätte durch conc. Salzsäure erreicht wurde. Ich rührte die Glätte (50 kg.
pro Operation) mit wenig mehr als der theoretisch
zur Ueberführung von Bleioxyd in Bleichlorid erforderlichen Menge Säure an, wobei unter bedeutender
Wärmeentwicklung rasche Zersetzung stattfand. Zu
dem dicken Brei wurden hierauf zum Zwecke der
Auslaugung des Tellurs reichliche Mengen von verd.
Schwefelsäure gebracht. Nach der Entfernung dieser
ersten tellurhaltigen Flüssigkeit wurde durch wiederholten Zusatz von Schwefelsäure so lange gelaugt,
als noch nennenswerte Mengen von Tellur in Lösung
gingen. Die vereinigten Lösungen enthielten nun
ausser ca. 90 Procent des Gesammttellurs alles in

---

[1] Das zu den späteren Untersuchungen dienende Tellur war
genau nach diesen Angaben gewonnen worden. Siehe Seite 41.

der Glätte vorhanden gewesene Kupfer und trotz der Anwesenheit von Schwefelsäure ziemlich viel Blei. Alle übrigen in der Glätte vorhandenen Elemente, mit Ausnahme von Gold und Silber, sind selbstverständlich ebenfalls zugegen, jedoch in untergeordneter Menge.

Da die Lösung oft mehr Kupfer enthielt als Tellur, so wäre es nicht ratsam gewesen, zur Abscheidung des Tellurs Eisen oder Zink zu benützen. Zur direkten Gewinnung desselben konnte deshalb nur schweflige Säure in Betracht kommen. Das auf diese Weise erzeugte Tellur enthielt als Hauptverunreinigungen Blei und Kupfer, z. B.

$$Cu = 5.87 \text{ Proc.}$$
$$Pb = 1.72 \text{ »}$$

als Differenz: $Te = 92.41$ » (Te $+$ geringe Mengen Teo₂)

$$\overline{100.00 \text{ »}}$$

Auf folgende Weise war es jedoch möglich von der Tellurglätte aus direkt zu einem über 99 procentigen, also technisch reinen Tellur zu gelangen. Es ist dies um so bemerkenswerter, als nach keinem der anderwärts üblichen Verfahren so reine Produkte gewonnen werden.[1]

---

[1] Ztschr. f. Angew. Chemie 1897, 11. J. Tarbaky. Tellurerzeugung auf d. K. ungar. Blei- und Silberhütte zu Schemnitz. Tellur wird regelmässig, fabrikmässig bis heute nur in Schemnitz gewonnen. Die gold- und silberreichen Tellurerze : Nagyagit, Petzit, Silvanit etc. werden durch siedende conc. $H_2So_4$ zersetzt und durch salzsäurehaltiges Wasser gelaugt. Die Abscheidung des Tellurs wurde früher durch Zink vorgenommen und dabei ein Rohtellur von nur 20—40 Proc. Tellur erhalten. Seit 1895 wurde jedoch diese Methode aufgegeben und schweflige

Ich übersättigte nämlich die sauren Lösungen mit Ammoniak, wodurch das Tellur in Form von tellursaurem Blei ausfiel. Die Menge des in Lösung vorhandenen Blei's kann ohne Schwierigkeit so reguliert werden, dass dieselbe zur Ueberführung sämmtlichen Tellurs in das unlösliche Salz genügt. Durch Einleiten von Dampf, heftige Bewegung der Flüssigkeit, ja selbst durch längeres Stehen wird der anfangs äusserst voluminöse Niederschlag kompakter und lässt sich dann leichter filtrieren und auswaschen. Das Filtrat enthält praktisch alles Kupfer. Bei der Rückgewinnung des Ammoniaks durch Destillation der Lösung mit Kalk kann gleichzeitig das Kupfer nutzbar gemacht werden. Der Niederschlag von Blei-tellurit $PbTeO_3$ wurde durch Erhitzen mit conc. Schwefelsäure zersetzt und das Tellur aus dem bleifreien Filtrat durch schweflige Säure gefällt.

Die Ausbeute betrug 80—90 Proc. und das Produkt besass für «Rohtellur» einen hohen Grad von Reinheit:

|  |  |  |  |  |
|---|---|---|---|---|
|  | Pb | = | 0,18 | Proc. |
|  | Cu | = | 0,31 | » |
| Differenz | Te | = | 90,51 | » |
|  | Se | = | Spuren | » |
|  |  |  | 100,00 | » |

Säure an Stelle von Zink verwendet. Das entstehende Produkt enthält nunmehr 72—85 Proc. Tellur und grössere Mengen von Kupfer. Das Tellur wird gereinigt durch wiederholtes Auflösen und Fällen durch $SO_2$. Aber selbst drei bis viermalige Wiederholung wird höchstens ein 97 bis 98 prozentiges Te erhalten.

# II.

# Reinigung des Rohtellur's.

Die Hauptverunreinigungen des Tellurs sind gewöhnlich Blei oder Kupfer; fast immer enthält dasselbe Wismut, Eisen, Zink, Schwefel und Selen. Das Schemnitzer Rohtellur weist ausserdem noch Zinn auf.

In der Litteratur finden sich eine Reihe von Methoden zur Reinigung des Rohtellurs verzeichnet, von denen manche recht umständlich sind und andere ihren Zweck nicht vollständig erfüllen.

Im Anschluss an meine Versuche zur Gewinnung von Rohtellur aus Bleihüttenprodukten habe ich auch einige Methoden ausgearbeitet, welche gestatten, rasch von Rohtellur zu über 99 procentigem, also technisch reinem Tellur zu gelangen, von welchen ich folgende beiden hervorheben will: A und B.

**A.** Das Rohtellur wird durch Salpetersäure 1:2 in Lösung gebracht (oder auch durch Königswasser) und dann mit Ammoniak übersättigt. Blei, Wismut, Eisen etc. fallen dabei vollständig als tellurigsaure Salze aus und werden durch Filtration beseitigt. Das durch Kupfer tiefblau gefärbte Filtrat enthält die Hauptmenge des Tellurs. Durch Zusatz einer ammoniakalischen Ammonium-Magnesiumsalzlösung fällt weisses tellurigsaures Magnesium aus, während Kupfer und Selen in Lösung bleiben. Diese Abscheidung wird am zweckmässigsten in grossen, verschliessbaren Flaschen vorgenommen, welche gestatten, den Inhalt kräftig zu schütteln. Der Niederschlag wird dadurch auf ein viel kleineres Volumen zusammengedrängt und lässt sich infolgedessen leichter filtrieren und auswaschen. Der Niederschlag konnte zur vollständigeren Entfernung des Kupfers nochmals in wenig Säure gelöst und zum zweiten Mal mit Ammoniak hervorgerufen werden; diese Operation war jedoch nicht absolut erforderlich, da der erste Niederschlag schon ziemlich arm an Kupfer war. Er wurde schliesslich in Salzsäure gelöst und das Tellur durch schweflige Säure abgeschieden.

Da das tellurigsaure Magnesium nur «schwerlöslich», nicht aber unlöslich ist, so enthält das Filtrat stets geringe Mengen von Tellur. Dieselben werden gleichzeitig mit dem im Verein mit Blei, Wismut und Eisen in den ersten Ammoniakniederschlag übergegangenen Tellur zurückgenommen.

Die Anwendung dieser Methode ist nur dann

angezeigt, wenn nur wenige Procent der durch Ammoniak fällbaren Elemente: Blei, Wismut, Eisen zugegen sind, da sich stets eine diesen äquivalente Menge Tellur mit abscheidet.

**B.** Rohtellur, das dieser Anforderung nicht entsprach und sich besonders durch einen hohen Bleigehalt auszeichnete, brachte ich durch Eintragen in heisse, conc. Schwefelsäure in Lösung, welche zuvor bis zur Ausstossung weisser Dämpfe erhitzt worden war. Präcipitiertes Tellur löst sich darin mit Leichtigkeit, aber auch die Auflösung von vorher geschmolzenem Tellur bietet keine Schwierigkeiten, wenn es fein genug pulverisirt wurde.

Bekanntlich löst sich Tellur in conc. Schwefelsäure mit hyacinthroter Farbe, indem sich nach Weber die Verbindung $TeSO_3$. eine Kombination von Te und $SO_3$ bildet. Selen geht unter den gleichen Verhältnissen in die olivegrüne Verbindung $SeSO_3$ über. Durch fortgesetztes Erhitzen werden diese Verbindungen unter Entfärbung der Lösungen auf Kosten der Schwefelsäure oxydiert, wobei sich unter Entweichen von Schwefeldioxyd Sulfate [1] oder Dioxyde bilden. Bei Behandlung von selenhaltigem Rohtellur beobachtete ich, dass zuerst die rote Färbung des Tellurs verschwindet und hierauf die grüne des Selens zur Geltung kommt. Schliesslich blasst auch

---

[1] Tellur vermag ein krystallisiertes basisches konstant zusammengesetztes Sulfat zu bilden, welches Brauner zur Atomgewichtsbestimmung des Tellurs benützte. (Monatshefte f. Ch. X. 419.)

diese ab und verschwindet allmählig vollständig. Sie
bleibt jedoch erhalten, so lange sich in der Schwefelsäure geringe Mengen ungelösten Tellurs befinden.

Aus den «gefärbten» Lösungen von Selen und Tellur, und nur aus diesen, scheiden sich auf Wasser-
zusatz beide Körper in elementarem Zustande aus,
Selen in seiner roten Modification.

$$TeSO_3 + H_2O = + Te \downarrow + H_2SO_4.$$

Sobald die rote Tellurfarbe verschwunden war
und die grüne des Selens zum Vorschein kam, wurde
das Erhitzen unterbrochen und nach dem Erkalten
mit viel schwefelsäurehaltigem Wasser verdünnt.
Tellur geht dabei mit Kupfer- und anderen Metall-
sulpaten in Lösung, während der ungelöste Rückstand sämmtliches Blei als Sulfat und die Hauptmenge Selen enthält.

Die klare Lösung kann nunmehr nach Methode
A weiter verarbeitet werden. Enthält dieselbe jedoch
wenig Kupfer, so kann dieses vorteilhaft durch Elektrolyse entfernt werden. Es scheidet sich dabei an
der Kathode als festhaftender, körniger, infolge eines
Tellurgehaltes stahlgrau gefärbten Ueberzuges ab. Die
kupferfreie Lösung wird dann zur Abscheidung des
Tellurs bei Wasserbadtemperatur mit Schwefeldioxyd
behandelt.

## C. Staudenmaier'sche Methode:

Staudenmaier[1] gelangte durch einmaliges Fällen
der salzsauren Lösung von 40 procentigem Rohtellur
zu einem Produkte, welches mit dem mir zur Verfügung stehenden Rohtellur in Bezug auf Reinheit
auf der gleichen Stufe stand. Es enthielt als Hauptverunreinigungen ebenfalls: Blei, Kupfer, Wismut
und Antimon. Er verarbeitete dasselbe durch Oxydation mit Salpetersäure und Chromsäure in der
später noch eingehender zu besprechenden Weise
auf Tellursäure und reinigte diese durch häufige Umkrystallisation. (Siehe Seite 49.)

Ich hoffte auf analoge Weise direkt von meinem
Rohtellur zu einem reinen Tellurpräparate gelangen
zu können und behandelte deshalb eine kleine Menge
desselbe probeweise nach den Staudenmaier'schen
Angaben. Da jedoch dabei das in conc. Salpetersäure
schwerlösliche Bleinitrat in grosser Menge entstand
und es durch Umkrystallisieren nur dann möglich
erschien eine absolut bleifreie Tellursäure zu erhalten, wenn man sich mit einer geringeren Ausbeute
begnügte, so stand ich davon ab, diese Methode zur
Reinigung von bleireichem Rohtellur zu verwenden.
Ich bin jedoch überzeugt, dass dieselbe in Anwendung auf ein nach meinen Verfahren A oder B vor-
gereinigten Tellur ausgezeichnete Dienste leistet.

---

[1] Ludwig Staudenmaier, Unters. über d. Tellur. Ztschr. f.
anorg. Ch. X. 192.

## D. Brauner'sche Methode.

Bei Inangriffnahme meiner Untersuchungen über Tellur hatte ich meine in A und B niedergeschriebenen Erfahrungen in Bezug auf die Reinigung von Rohtellur noch nicht gemacht. Ich war deshalb gezwungen, meine Zuflucht zu einer, der schon bekannten Reinigungsmethoden zu nehmen und wählte den von Brauner[1] benützten und z. T. schon von Wills angegebenen Weg. Das Rohtellur, welches aus Tellurglätte nach dem Sodaverfahren (pag. 24) und Reduktion der sauren Tellurlösung durch tellurhaltige Zinkdestillationsprodukte gewonnen worden war, besass nachstehende Zusammensetzung:

|  | | | |
|---|---|---|---|
| | Pb | = | 7,713 Proc. |
| | Bi | = | 0,082 » |
| | Sb | = | 0,122 » |
| | As | = | Spuren » |
| | Se | = | 0,789 » |
| | Cu | = | 2,175 » |
| | S | = | 0,006 » |
| | Fe | = | 0,720 » |
| | Zn | = | 0,403 » |
| als Differenz : | Te | = | 87,990 » |
| | | | 100,000 » |

175 gr. des fein gepulverten Rohtellurs wurden nach und nach in heisse, verdünnt Scalpetersäure[2]:

---

[1] Monatshefte für Chemie X. 414. Experimental Untersuchungen über das periodische Gesetz.

[2] Brauner brachte sein Rohtellur in heisse conc. HCl und fügte bis zur erfolgten Lösung tropfenweise Salpetersäure zu.

3

(1 Teil $HNO_3$ 1,$_4$ + 1 Teil $H_2O$) eingetragen, wobei leichte und vollständige Lösungen eintrat. Die salpetersaure Lösung wurde zur Trockene gebracht und der Schaleninhalt dann wiederholt mit conc. Salzsaure eingedampft, um vorhandenes Tellurnitrat [1] zu zersetzen. Schliesslich wurde durch heisse, conc. Salzsäure aufgenommen und die conc. Lösung durch salzsäure haltiges Wasser etwas verdünnt. Nach 24 stündigem Stehen hatte sich ein Teil des Bleis als Chlorid abgeschieden. Durch das 70—80° C. heisse Filtrat wurde ein kräftiger Strom von schwefliger Säure geleitet. Es bildete sich zuerst ein wunderschön rot gefärbter Niederschlag von Selen, der sich jedoch bald schwärzte. Der vorhandene grosse Ueberschuss von Salzsäure verhinderte jedoch die Abscheidung von Tellur. Erst nach starker Verdünnung [2] erfolgte dann auch diese und zwar bei genügend langem Durchleiten von

---

Benützt man zur Auflösung ausschliesslich Salpetersäure, so ist es nicht empfehlenswert, grössere Mengen auf einmal mit dem Lösungsmittel in Berührung zu bringen, da auf diese Weise nie vollständige Lösung erreicht wird.

[1] In der Auflösung von Tellur in Salpetersäure befindet sich ein Nitrat des Tellurs und nicht, wie man gewöhnlich schlechtweg sagt, tellurige Säure. Beim Eindampfen gelangt man zu einem auch bei höherer Temperatur ziemlich beständigem Nitrate. Die letzten Anteile an Stickstoffsauerstoffverbindungen entweichen nach Brauner (W. Monatshefte X. 417) erst bei ca. 400° C.

[2] E. Divers und Shinose gründeten auf die Nichtfällbarkeit des Tellurs aus stark salzsaurer Lösung eine Trennungsmethode des Selens vom Tellur. Nach den gleichen Autoren wird Selen auch aus schwefelsaurer Lösung früher durch $SO_2$ gefällt, als Tellur. Revue industrielle 1886. S. 276.

Schwefeldioxyd, vollständig. Der getrocknete Niederschlag wog 145 gr., betrug also 83 Proc. vom Ausgangsprodukte. Er wurde mit 800 gr. Cyankalium portionsweise in grossen Porzellantiegeln im reinen Wasserstoffstrome [1] geschmolzen, wobei Kupfer, Selen und Tellur in wasserlösliche Verbindungen übergehen. In heissem Wasser löst sich die Schmelze spielend leicht auf. Ob die tiefrote Lösung wirklich Tellurkalium enthält, oder ob sich, analog dem Selen, eine dem Rhodankalium entsprechende Verbindung bildet, ist meines Wissens noch nicht mit Bestimmtheit festgestellt worden. Uebereinstimmung mit Tellurkalium zeigt die Verbindung nicht nur in Bezug auf die Farbe, sondern auch im Hinblicke auf die leichte Zersetzlichkeit durch den Luftsauerstoff unter Ausscheidung von metallischem Tellur. Beim Auflösen der Cyankaliumschmelze sowie bei der Filtration der Lösung ist daher die grösste Vorsicht geboten, d. h. der Luftzutritt nach Möglichkeit zu verhindern. Ich erreichte dies in zufriedenstellender Weise durch die Anwendung des umstehenden Apparates.

Die Tiegel wurden sammt Inhalt in die weithalsige, zu ²/₃ mit heissem Wasser gefüllten Flasche A Fig. 1. gebracht. Vor Beginn des Lösens wurde die Luft durch Wasserstoff verdrängt und das während des Lösens fortgesetzte Durchleiten von Wasserstoff beschleunigte die Operation. Nachdem auf diese

---

[1] Der aus Zink und Salzsäure dargestellte Wasserstoff passierte Vorlagen von Kaliumhydroxyd, Permanganat, Silbernitrat und conc. Schwefelsäure.

Weise die gesammte Schmelze behandelt worden war,
wurde die Röhre R niedergestossen bis auf den Boden
der Flasche und mit der Filtervorrichtung T (Fig. 2)
verbunden, wo sich ein Faltenfilterchen befand. Der
nötige Druck zum Hinüberpressen der Flüssigkeit
wurde mit Hülfe eines Kipp'schen Wasserstoffent-
wicklungsapparates hervorgerufen. Der auf dem Filter

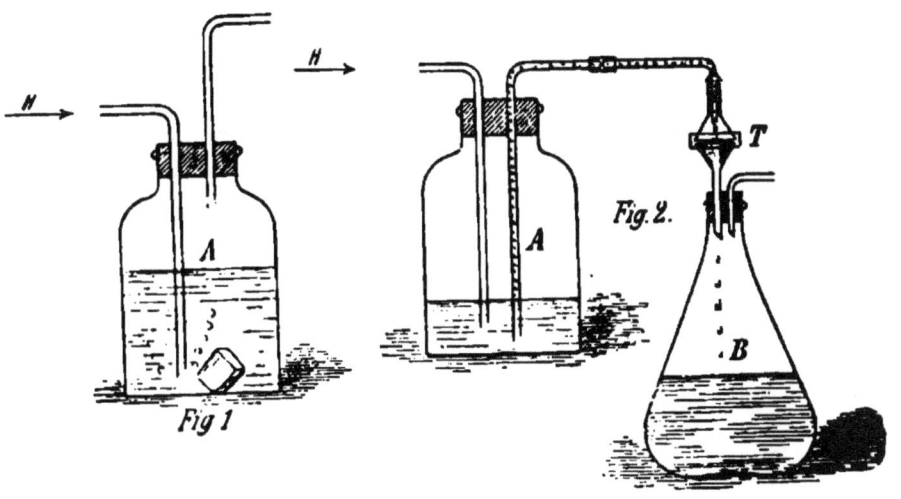

zurückgehaltene, quantitativ unbedeutende Rückstand
bestand im Wesentlichen aus Tellur und etwas Tellur-
zink, welches also, analog dem Zinksulfid, in Cyankalium unlöslich ist. Aus dem klaren Filtrate wurde
das Tellur durch Durchsaugen von Luft in elementarem Zustande abgeschieden. In der nunmehr farb-
losen Lösung befindet sich das Selen als Kalium-
selenocyanür, das Kupfer als Kaliumcuprocyanür.

Durch Ansäuren desselben mit Salzsäure wurden:

1,33 gr. = 0,76 Proc. Selen v. Rohtellur

erhalten. Dasselbe erwies sich auf Grund der nach Bunsen ausgeführten Prüfung als frei von Tellur.

Die Menge des durch Luft gefällten Tellurs betrug 138 gr. = 78,8 Proc. vom Ausgangsmaterial. Zur Prüfung auf seine Reinheit wurde eine kleine Probe davon im Wasserstoffstrome destilliert:

1,379 gr. hinterliessen = 0,0024 Rückstand
= 0.174 Proc.

Als mir später, nach der Destillation der gesammten Tellurmenge im Wasserstoffstrome grössere Mengen dieses nichtflüchtigen Rückstandes zur Verfügung standen (siehe unten), konnte ich eine qualitative Analyse damit ausführen: Derselbe war stark hygroscopisch, die rote Lösung zeigte stark alkalische Reaktion und färbte sich an der Luft braunschwarz von ausgeschiedenem Tellur. Chlor und Kalium konnten ausser Tellur deutlich nachgewiesen werden, während keine der ursprünglich im Rohtellur enthalten gewesenen Verunreinigungen vorhanden waren. Es war also offenbar, trotz des wiederholten Auswaschens des durch Luft gefällten Tellurs, mit heissem Wasser und ganz verdünnter Salzsäure doch noch etwas Cyankalium und Chlorkalium durch das feine Tellur zurückgehalten worden. Ersteres hatte dann wieder $K_2Te$, bezw, KCNTe gebildet.

Die Gesammtmenge des Tellurs wurde nun also der Destillation im Wasserstoffstrome unterworfen.

Es wurden zu diesem Zwecke stets etwa 15—20 gr.
des präcipitierten Tellurs in grossen Porzellanschiff-
chen in der Röhre eines Verbrennungsofens eingeschmolzen, wobei die oben erwähnten, nichtflüchtigen Bestandteile als Schlacke auf dem geschmolzenen
Metall schwammen. Die dunkelgrüngelben Tellurdämpfe traten ziemlich rasch auf; die Verflüchtigung
ging aber dennoch sehr langsam von statten, so dass
die Dauer der Destillation der Gesammt Te-menge
sich auf ca. 3 Wochen belief. Das destillierte Tellur
sammelte sich direkt hinter dem erhitzten Teil der
Röhre teils in schönen, zwei bis drei Centimeter
langen Nadeln, teils in geschmolzenen Kügelchen, an.
Der die Röhre verlassende Wasserstoff wurde durch
eine Natriumhydroxydvorlage geleitet. Nach einiger
Zeit färbte sich die Flüssigkeit der Vorlage schwach
rot, während sich an der innern Wandung der Ein-
leitungsröhre geringe Mengen eines amethystroten,
festen Körpers abgesetzt hatten. Offenbar war die
Bildung des roten Tellurnatriums durch entstandenen
Tellurwasserstoff hervorgerufen worden. Damit be-
stätigt sich die Beobachtung von Becker[1] und Brauner,[2]
dass sich beim Erhitzen von Tellur im Wasserstoffstrome Tellurwasserstoff bildet, welche Ansicht Löwe,[3]
Wöhler und Schönlein[4] bestritten. Allerdings war die
Menge des entwichenen Tellurwasserstoffs eine sehr

---

[1] A 180, 257.
[2] W. Monatsh. X. 446.
[3] A. W. 10. 727.
[4] A. 86. 201.

geringe, denn es mochte bei der Destillation von 138 gr. Tellur höchstens 0,1 gr. Tellur in die Vorlage gelangt sein.

Aus 175 gr. Rohtellur gelangte ich durch die Reihe der beschriebenen Reinigungsprocesse zu 135 gr. chem. reinem Tellur, welches flüchtig war, ohne einen wägbaren Rückstand zu hinterlassen.

Das nach den Brauner'schen Angaben gewonnene Tellur entspricht zwar den höchsten Anforderungen an Reinheit, aber die Methode ist so zeitraubend und kostspielig, dass ich sie kaum zum zweiten Mal benützen würde. Ich würde vielmehr vorziehen, das nach A. oder B. gereinigte Tellur entweder direkt im Wasserstoffstrome zu destillieren, oder dasselbe nach Staudenmaier's Vorschlag [1] durch Ueberführung in Tellursäure, wiederholte Umkrystallisation derselben und schliessliche Reduktion vollkommen reinigen.

---

[1] Ztschr. A. ch. X. 192.

# III.

# Darstellung der reinen Tellursäure.

In der chemischen Litteratur finden sich eine
Reihe von Methoden zur Darstellung der Tellursäure
verzeichnet.

Schon Berzelius erhielt sie bezw. ihr Kaliumsalz durch Schmelzen von Tellurigsäureanhydrid mit
Salpeter oder durch Einleiten von Chlor in seine
stark alkalische Lösung. Oppenheim[1] schmolz Tellurdioxyd mit Kaliumchlorat und festem Kaliumhydroxyd. Becker[2] empfiehlt die Behandlung der
salpetersauren Tellurlösung mit Bleiuperoxyd und Staudenmaier[3] fand, dass die von Thomsen[4] zur Erzeugung von freier Selensäure, aus Silberselenit

---

[1] Journ. pr. Ch. 71, 266.
[2] Lieb. Ann. 180. 258.
[3] Ztschr. Anorg. Ch. X. 192.
[4] Ber. d. ch. Ges. 6. 1533.

$Ag_2SeO_3$ mittelst Brom, angewandte Methode auch für Tellur ausführbar sei. Eine weitere Darstellungsweise hat Staudenmaier dadurch geschaffen, [1] dass er zur Oxydation der tellurigen Säure Chromsäureanhydrid anwandte.

## A. Darstellung der Tellursäure nach Staudenmaier.

In folgendem werde ich die Staudenmaier'sche Methode, deren ich mich bei der Gewinnung reiner Tellursäure bediente, einer eingehenden Betrachtung unterziehen, da sich in der Litteratur ausser den von ihm selbst gemachten Angaben keine weiteren vorfinden.

Staudenmaier fügt zu der heissen Auflösung von Tellur in Salpetersäure etwas mehr als die theoretisch erforderliche Menge Chromtrioxyd, wodurch er die augenblickliche Oxydation des Tellurdioxyds zu Tellursäure: $H_2TeO_4$ bewirkt. Für die Reinigung der Tellursäure erweisen sich ihre bedeutende Löslichkeit in heissem Wasser sowie ihre Schwerlöslichkeit in conc. Salpetersäure als sehr vorteilhafte Eigenschaften, da die meisten Verunreinigungen, insbesondere Chromnitrat, sich in Salpetersäure jeder Concentration leicht lösen. Als eine Ausnahme hiervon muss das Blei bezeichnet werden, dessen Nitrat in conc. Salpetersäure ebenfalls schwerlöslich ist und welches deshalb, wenn in grösserer Menge vorhan-

---

[1] Ztschr. Anorg. Ch. X. 192.

den, nur durch endloses Fällen und Umkrystallisieren
entfernbar ist. Abgesehen von diesem Nachteile habe
ich die Methode sehr gut gefunden und würde dieselbe infolge ihrer raschen und bequemen Ausführung
jeder anderen vorziehen, namentlich wenn das Blei
nach Methode A oder B (pag. 36—39) zuvor entfernt
worden ist.

Da die herzustellende Tellursäure zum Teil zur
Wiederholung der Staudenmaier'schen Atomgewichts-

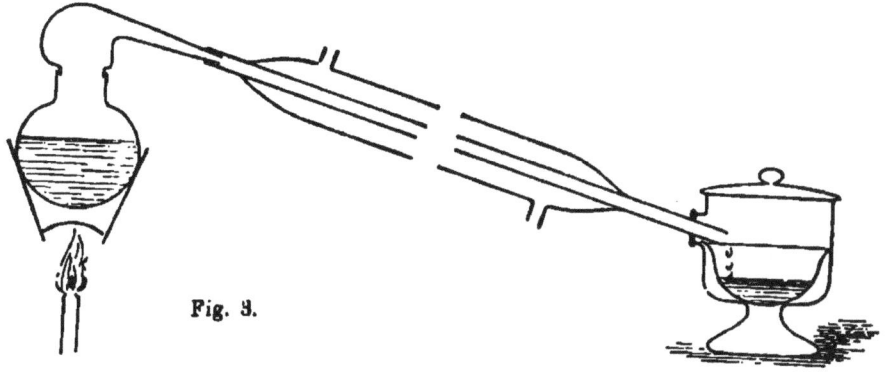

Fig. 3.

bestimmungen dienen sollte, so wurden selbstverständlich die zu ihrer Herstellung erforderlichen
Reagentien : Salpetersäure, Wasser, und Chromsäure
vor dem Gebrauche gereinigt. Die erzeugte Tellursäure entsprach um so mehr den höchsten Anforderungen in Bezug auf Reinheit, da von chemisch
reinem, im Wasserstoffstrome destilliertem Tellur ausgegangen wurde, während Staudenmaier ein nur
80 procentiges Tellur dazu benützte, und da über-
dies ausschliesslich in Platingefässen gearbeitet wurde.

Salpetersäure 1,4 wurde vor jedesmaligem Gebrauche aus einem Glaskolben mit genau passendem Platinhelm und daran schliessendem Platinkühler destillicrt und in einer grossen Platinschale aufgefangen. (Fig. 3)

In dem gleichen Apparate wurde das destillierte Wasser durch wiederholte Destillation über Kalk und Kaliumpermanganat gereinigt und der Grad seiner Reinheit durch Bestimmung der elektrischen Leitfähigkeit controllirt.

Die zu Gebote stehende Chromsäure war etwas durch Schwefelsäure und Kaliumsulfat verunreinigt. Es ergab sich jedoch, dass diese Verunreinigung nur eine oberflächliche war, und sich durch blosses Waschen mit conc. Salpetersäure entfernen liess.

Die mit einem geringen Ueberschuss an Chromsäure versetzte salpetersaure Tellurlösung wurde auf dem Wasserbade eingeengt, conc. Salpetersäure in grosser Menge zugefügt und in der Kälte der Krystallisation überlassen. Der ausgeschiedene Krystallkuchen wurde nach dem Abgiessen der Mutterlauge mit conc. Salpetersäure abgewaschen in möglichst wenig heissem Wasser gelöst, die noch vorhandene geringe Menge Chromsäure durch einige Tropfen Alkohol reduzirt und die Tellursäure wieder durch conc. Salpetersäure in Form eines feinen Krystallmehles ausgeschieden. Nachdem diese Fällung durch conc. Salpetersäure viermal wiederholt worden und Chromnitrat, die einzige mögliche Verunreinigung, beseitigt war, wurde die wässerige Lösung mit absolutem Alkohol gefällt, abermals gelöst, und die Tellursäure-

lösung, nachdem sie noch viermal aus ihrer heissen
Lösung durch Abkühlung in Eis umkrystallisiert worden war, der freien Krystallisation überlassen.

Die schliesslich erhaltenen Krystalle wurden zum
grössten Teil pulverisiert und im Vakuum über
Phosphorpentoxyd getrocknet. Schon hier möge erwähnt werden, dass die für die Hauptatomgewichts-
bestimmung zurückgehaltene Tellursäure nicht pulverisiert wurde, da dabei leicht durch Staub Verunreinigungen in die Substanz gelangen könnten.

Es sei mir hier gestattet, eine Beobachtung zu
erwähnen, welche Staudenmaier beim Fällen der
Tellursäure machte.[1] Er fand nämlich, dass dabei
neben den gewöhnlichen monoklinen Krystallen auch,
reguläre Krystalle in geringerer Anzahl auftreten
welche durch vorhandene Chromsäure gelb gefärbt
erschienen und mit Bleinitrat eine grosse Aehnlich-
keit besassen. Ich habe mir viele Mühe gegeben,
diese dimorphe Form der Tellursäure zu erhalten,
aber meine unter den verschiedenartigsten Bedingungen ausgeführten Versuche führten nicht zu derselben.

Staudenmaier gibt nun aber selbst an,[2] dass er
zur Darstellung seiner Tellursäure ein einmal durch
schweflige Säure gefälltes Tellur verwandte, welches
noch ca. 20 Procent Verunreinigungen, namentlich
Blei, Wismut, Kupfer und Antimon enthielt. Fällt

---

[1] Ztschr. f. Anorg. Ch. X. 192.
[2] Ztschr. f. Anorg. Ch. X. 193.

man aber die aus einem so unreinen Ausgangsmaterial hergestellte Tellursäure durch conc. Salpetersäure, so scheidet sich nach meiner Erfahrung auch
das in conc. Salpetersäure so schwer lösliche Bleinitrat aus, dessen Octaeder an dem starken Licht-
brechungsvermögen leicht zu erkennen sind. Es
wäre jedenfalls eine seltene Erscheinung, wenn ein
und dieselbe Substanz unter genau den nämlichen
Bedingungen, in zwei so grundverschiedenen Formen
entstehen würde, wie dies nach Staudenmaier bei
der Tellursäure der Fall sein soll.

Sollte Staudenmaier mit der Tellursäure jedoch
auch Bleinitrat abgeschieden haben, was, wie schon
erwähnt, bei dem bleihaltigen Produkte nicht ausgeschlossen ist, so würde das Blei auch die spätere
häufige Umkrystallisation aus Wasser wahrscheinlich
doch in Form des unlöslichen Bleitellurats entfernt
worden sein. Aus diesem Grunde wage ich an der
Reinheit der Staudenmaier'schen Tellursäure nicht
zu zweifeln. Ich möchte diesen Umstand jedoch nicht
unerwähnt lassen, da Staudenmaier seine Tellursäure zu eingehenden Untersuchungen über das
Atomgewicht des Tellurs benützte.

### B. Darstellung der Tellursäure durch Elektrolyse.

Bei allen Verfahren incl. dem Staudenmaier'schen
zur Darstellung der Tellursäure wird diese zunächst
in sehr unreinem Zustande erhalten und lässt sich

meist nur auf ziemlich umständliche und zeitraubende
Weise von dem im Ueberschuss angewandten Oxy-
dationsmittel und dem reduzierten Teil des letzteren
befreien. Stets erfolgt dann auch die Gewinnung
eines absolut reinen Produktes nur auf Kosten der
Ausbeute, so enthalten z. B. die chromhaltigen Mutter-
laugen, welche nach dem Staudenmaier'schen Verfahren erhalten werden, reichliche Mengen von Tellursäure. Mein Bestreben war deshalb auf Vermeidung
der erwähnten Uebelstände gerichtet, wodurch ich
auf die elektrolytische Oxydation der tellurigen Säure
geführt wurde.

Es ist eine bekannte Thatsache, dass der bei der
Elektrolyse von Sauerstoffsäuren oder von Alkalien
im statu nascendi an der Anode auftretende Sauer-
stoff häufig energische Oxydationswirkung auf die in
Lösung vorhandenen oxydierbaren Körper ausübt.
Ich erinnere hier nur an die häufig angeführten
Beispiele: den Uebergang der Ferro- in Ferrisalze,
Oxydation der Oxalsäure zu Kohlensäure etc.

Diese Thatsachen liessen es mir als wahrscheinlich erscheinen, dass die Darstellung der Tellursäure
aus telluriger Säure mit Hülfe des elektrischen Stro-
mes ausführbar sei, und das Experiment bestätigte
diese Voraussetzung.

Als Anode diente die die salpetersaure Tellurlösung enthaltende Platinschale. Die Kathode bestand aus einer Platinspirale, welche von einer dichten
Thonzelle umgeben war. Letztere war mit reiner
Salpetersäure angefüllt und zwar stand das Flüssig-

keitsniveau in der Zelle bedeutend höher als dasjenige der Schale, so dass also immer ein gewisser
Ueberdruck vorhanden war, welcher die Hineindif-
fussion der gebildeten Tellursäure erschweren sollte.
Die Anodenoberfläche war 1,2 qdm. gross, während
die Kathodenoberfläche nur 0,0188 qdm. betrug. Die
Versuche wurden bei einer

Anodenstromdichte   von   0,84 Ampère
und einer Kathodenstromdichte   »   50   »

ausgeführt. Dieses ungleiche Verhältnis wurde deshalb gewählt, weil die günstigste Oxydation bei nie-
driger Anodenstromdichte und die geringste Reduktion
bei hoher Kathodenstromdichte erreicht wird.[1]

Der Verlauf der Oxydation wurde durch zeit-
weise Probenahme verfolgt; die noch unveränderte
tellurige Säure wurde mit einem Ueberschuss von
$1/_{10}$ N. Kaliumpermanganat oxydiert (in der Hitze)
und der an Reagens verwandte Ueberschuss durch
Zurücktitration mit $1/_{10}$ N. Oxalsäure ermittelt.

Die ersten Versuche, welche mit relativ concentrierten Lösungen von Tellur in Salpetersäure ausgeführt wurden, ergaben höchst unbefriedigende Resultate, indem nur ein geringer Procentsatz an Tellursäure entstanden war. Die später durch Herrn
Ed. Heberlein[2] fortgesetzte Untersuchung ergab, dass
die Oxydation um so rascher und glatter erfolgte, je

---

[1] F. Oettel: Elektrochemische Uebungsaufgaben. S. 21.
[2] Für Ueberlassung seiner diesbez. Resultate danke ich
Herrn Dr. Heberlein.

verdünnter an Tellur die elektrolysierten Lösungen waren und dass die Reaktion unter den gegebenen Bedingungen nur dann quantitativ verläuft, wenn der Gehalt der salpetersäuren Lösung an Tellurdioxyd höchstens $\frac{1}{8}$ Procent beträgt. War die Lösung sehr stark salpetersauer und durch Eis gekühlt, so konnte man die gebildete Tellursäure schon nach kurzer Zeit wahrnehmen, da sie sich infolge ihrer Schwerlöslichheit in kalter conc. Salpetersäure in Gestalt von Krystallbüscheln an der Schalenwandung ausschied.

Geht man, wie es in den vorstehenden Versuchen der Fall war, von chemisch reinem Tellur aus, so ist es also auf diese Weise möglich, direkt zu einem Präparate von höchster Reinheit zu gelangen, was nach keinem der bisher bekannten Verfahren erreicht werden kann. Da jedoch nur sehr verdünnte Lösungen verwendet werden können, so eignet sich diese Methode leider nur zur Gewinnung von Tellursäure in geringen Mengen. Sollten später noch auszuführende Versuche die Möglichkeit ergeben, beliebig concentrierte Lösungen quantitativ durch den elektrischen Strom zu oxydieren, so wäre dem Verfahren sein einziger Uebelstand benommen, welcher ihm jetzt noch anhaftet.

# VI.

# Analyse der Tellursäure.

Das fortwährende Arbeiten mit Tellursäure erforderte die Ausarbeitung rasch ausführbarer Methoden zu ihrer genauen quantitativen Bestimmung. Als am nächsten liegend wurde nun zunächst die Ermittlung auf acidimetrischem Wege versucht. Die dabei zu Tage tretenden Erscheinungen, insbesondere das Verhalten der Tellursäure zu den Indikatoren, sind äusserst interessant und charakterisieren die Tellursäure so recht als eine schwache Säure. Für genauere Bestimmungen benützte ich die unter D) beschriebene Methode auf jodometrischem Wege, welche gleichzeitig eine Ermittlung der Grösse des Atomgewichtes des Tellurs gestattete. Im Anschluss hieran führte ich einige Atomgewichtsbestimmungen nach den von Staudenmaier gemachten Angaben aus (sub. E).

4

## A. Durch Titration mit Alkali allein.

Bei der Titration der Tellursäure mit $^1/_{10}$ N.
Natriumhydroxyd unter Benützung von Methylorange als Indikator stellte es sich heraus, dass
dieser bei der Bestimmung der starken Mineralsäuren
so überaus bequeme Indikator in diesem Falle gar
nicht zu verwenden ist, indem durch die Tellursäure der Farbenumschlag nicht bewirkt wird. In
ihrem Verhalten zu Methylorange zeigt die Tellursäure eine vollständige Uebereinstimmung mit der
Kohlensäure.[1] Nur beim Zusatz des Indikators zu
der höchst concentrierten Lösung von Tellursäure erscheint die Farbe rein rot. Beim Verdünnen mit
Wasser entsteht eine gelbrote Mischfarbe und bei
genügendem Zusatz von Wasser kann der rote Ton
ganz zum Verschwinden gebracht werden. Dieses
eigentümliche Verhalten der Tellursäure lässt sich
auf Grund der modernen Indikatorentheorie[2] und
unter Berücksichtigung der Eigenschaften der Tellursäure in wässeriger Lösung[3] leicht erklären.

---

[1] F. W. Küster. Ztschr. f. Anorg. Ch. XIII. 127: Kritische
Studien zur volumetrischen Bestimmung von karbonathaltigen
Alkalilaugen und von Alkalikarbonaten, sowie über das Verhalten
von Phenolphtalein und Methylorange als Indikatoren.

[2] Ebendaselbst: F. W. Küster. Ostwalds Grundlagen d.
Analyt. Chemie S. 104.

[3] Näheres siehe sub. V. Eigenschaften der Tellursäure
pag. 86.

F. W. Küster erklärt die Wirkung des Methylorange:

$$\frac{CH_3}{CH_3} > N - C_6 H_4 - N = N - C_6 H_4 - SO_3 H$$

Dimethylanilin — p. — azobenzol — p. — sulfosäure =
Methylorange

durch die Annahme, dass in der wässerigen Lösung des Indikators die durch primäre Jonenspaltung der Sulfogruppe gebildeten Wasserstoffjonen sich grösstenteils an das Stickstoffatom der Amidogruppe anlagern, so ein gleichzeitig positiv ($\cdot$) und nagativ ($'$) geladenes Zwitterjon bildend.

$$\frac{CH_3}{CH_3} > N - C_6 H_4 - N = N - C_6 H_4 - So_3{'} H{\cdot}$$

$$\downarrow$$

$$\frac{CH_3}{CH_3}{H} > \dot{N} - C_6 H_4 - N = N - C_6 H_4 - So_3{'}$$

Wahrscheinlich entsteht dabei ein inneres Ammoniumsalz

$$\frac{CH_3}{CH_3}{H} > N - C_6 H_4 - N = N - C_6 H_4 - So_3$$

Dieses elektrisch geladene Nichtjon ist nach Küster der Träger der roten Farbe, während das nur in geringer Menge noch vorhandene Anion:

$$[(CH_3)_2 N - C_6 H_4 - N_2 - C_6 H_4 - So_3]{'}$$

intensiv gelb gefärbt ist. Letzteres vermag die relativ schwach rote Farbe des ersteren dennoch zu verdecken, ähnlich wie die Flammenfärbung eines Kaliumsalzes schon bei Anwesenheit sehr kleiner Natriummengen nicht mehr wahrgenommen werden kann.

Durch Zufuhr von Wasserstoffjonen, also durch Zufügen einer Säure wird die Dissociation, welcher die gelben Anionen ihre Existenz verdanken, vollständig zurückgedrängt und die rote Farbe der nichtdissociierten Molekel kommt zur Geltung.

In Ostwalds Grundlagen der analytischen Chemie S. 105 f. wird das Methylorange als eine mittelstarke Säure bezeichnet, deren Dissociation nur durch stärkere Säuren zurückgedrängt werden könne. Nun wird aber Methylorange selbst durch freie Kohlensäure und Tellursäure, welche zu den schwächsten bekannten Säuren gehören, gerötet, aus welchem Grunde die Zuteilung des Methylorange's zu den mittelstarken Säuren nicht richtig sein kann.

Die Abnahme der Intensität der Rotfärbung einer mit Methylorange versetzten conc. Tellursäurelösung und das schliessliche Verschwinden dieser Färbung beim Verdünnen mit Wasser ist möglicher Weise auf die Abnahme der relativen Anzahl der Wasserstoffjonen zurückzuführen, d. h. auf ihre abnehmende Concentration.

Ausser diesem Umstande liegt aber noch ein anderer Grund vor, welcher der titrimetrischen Bestimmung der Tellursäure mit einem Alkalihydroxyd

und Methylorange hindernd im Wege steht. Löst
man nämlich in der durch Methylorange rot gefärbten conc. Tellursäurelösung noch geringe Mengen
eines Alkalitellurates, so verschwindet die Rotfärbung
sofort. Küster[1] machte die nämliche Beobachtung
bei Karbonaten und Kohlensäure. Methylorange ist .
ganz allgemein ein Reagens auf Wasserstoffjonen
und zeigt beim Farbenumschlag in Rot an, dass in
einer Lösung die Wasserstoffjonen ein Minimum der
Concentration überschritten haben. Beim Hinzufü-
gen von Kaliumtellurat oder Monokaliumtellurat wird
jedoch die Dissociation der Tellursäure, als des
schwächern Elektrolyten[2] unter das nötige Minimum
hinuntergedrückt, weil beide nach dem Schema:

$$KH\,TeO_4 \gtrless K^{\cdot} + HTeO_4{}'\qquad \text{und}$$
$$H_2TeO_4 \gtrless H^{\cdot} + HTeO_4{}'$$

zerfallend, das nämliche Jon $HTeO_4{}'$ zu bilden trachten.
Andere Salze, wie Kaliumsulfat, Kaliumchlorid, u. s. w.
hindern die Dissociation der Tellursäure nicht, da
sie kein gleiches Jon bilden. Setzt man vielmehr
eines dieser Salze zu obiger durch Kaliumtellurat
in der Farbe veränderten Lösung (von Rot zu Gelb)
so tritt alsbald der rote Farbenton wieder auf, was
sich aus folgendem erklärt, z. B. bei Anwendung
von KCl.

$$KCl \gtrless K^{\cdot} + Cl'$$
$$KHTeO_4 \gtrless K^{\cdot} + HTeO_4{}'$$

---

[1] Ztschr. f. Anorg. Ch. XIII. 139.
[2] Ostwald, Grdl. d. Anal. Ch. S. 61.

Nach vorstehendem Schema geben beide Salze das gemeinsame Jon $K\cdot$, da jedoch KCl der stärkere Elektrolyt ist als das Tellurat, so wird letzteres in seiner Dissociation zurückgedrängt und das Jon $HTeO_4\text{'}$, welches die Dissociation der Tellursäure hinderte, verschwindet: es tritt wieder Rotfärbung ein.

**Phenolphtaleïn** ist im Gegensatz zu Methylorange ein Reagens auf Hydroxyljonen. Es war vorauszuseh'n, dass die Titration der Tellursäure mit Natriumhydroxyd unter Zuhülfenahme dieses Indikators eher zu einem Resultat führen werde, als diejenige mit Methylorange.

Zu der in einer Porzellanschale befindlichen, mit einigen Tropfen einer alkoholischen Phenolphtaleïnlösung versetzten, genau $^1/_{10}$ N. Tellursäurelösung wurde kohlensäurefreies Natriumhydroxyd $^1/_{10}$ N. bis zur eintretenden Rotfärbung zufliessen gelassen. Wie aus der weiter unten folgenden Tabelle ersichtlich ist, wurde weniger Natriumhydroxyd verbraucht, als bis zur halben Sättigung, also bis zur Bildung von $NaHTeo_4$ erforderlich gewesen wäre:

| $\frac{1}{10}$ N. $H_2Teo_4$ | Verbrauch an $\frac{1}{10}$ N. NaOH | |
|---|---|---|
| $10^{cc}$ | $4{,}55^{cc}$ | anstatt 5,00cc bis zur |
| $10^{cc}$ | $4{,}35^{cc}$ | Bildg. von $NaHTeo_4$ |
| $10^{cc}$ | $4{,}35^{cc}$ | oder 10,00cc bis zur |
| $10^{cc}$ | $4{,}35^{cc}$ | Bildg. von $Na_2Teo_3$ |

Die schwachen zweibasischen Säuren[1] dissocieren nach dem Schema:

$$H_2A \; \leftrightarrows \; H\cdot + HA'$$

und das entstehende einwertige Jon kann seinerseits eine weitere Dissociation erfahren nach dem Schema:

$$HA' \; \leftrightarrows \; H\cdot + A''$$

jedoch ist die Dissociation nach diesem 2. Schema stets viel geringer, als nach dem ersten. Bei der Tellursäure liegt die Tendenz zur vollständigen Dissociation überhaupt nicht vor, was sich ja schon aus dem geringen Natronverbrauch bei der Titration ergibt. Nicht einmal die erste Phase der Dissociation scheint sich dabei vollständig abzuspielen, da ja der Natronverbrauch nicht der Bildung von $NaHTeO_4$ entspricht. Es ist eben zu berücksichtigen, dass in dem Maasse, in welchem sich in der Lösung $NaHTeO_4$ bildet, also mehr $HTeO_4'$jonen auftreten, die Jonisation der noch freien Tellursäure zurückgedrängt wird. Ohne Zweifel jedoch ist die Wirkung der Hydrolyse auf das gebildete Tellurat die Hauptschuld an dem zu geringen Natriumhydroxydverbrauch beizumessen.

$$[Na\cdot + HTeO_4'] + [H\cdot + OH'] = Na\cdot + OH' + [H_2TeO_4]$$

Solange im Vergleich zum gebildeten Salze noch viel freie Säure vorhanden ist, drängt diese natürlich die Hydrolyse des Salzes und somit auch die

---

[1] Ostwald Wissensch. Grdl. d. Analyt. Chemie S. 57.

Bildung der Hydroxyljonen auf einen kleinen, mit Phenolphtaleïn nicht mehr nachweisbaren Betrag zurück.
Nähert man sich jedoch dem Sättigungspunkte, so
vermag die geringe Menge der noch vorhandenen
freien Säure diese Wirkung nicht mehr auszuüben
und die nach obigem Schema durch Hydrolyse entstehenden Hydroxyljonen bewirken, dass durch eintretende Rotfärbung der Endpunkt der Titration zu
früh angezeigt wird.

Es ist also nicht möglich, die Tellursäure auf
dem gewöhnlichen acidimetrischen Wege quantitativ
zu bestimmen. Die Titration der Tellursäure mit
Natriumhydroxyd oder Kaliumhydroxyd unter Benützung von Phenolphtaleïn gelingt jedoch mit genügender Genauigkeit bei Gegenwart von Glycerin,
wie aus folgendem Abschnitte hervorgeht.

## B. Titration der Tellursäure durch Alkalihydroxyde bei Gegenwart von Glycerin.

Analoge Verhältnisse, wie sie sub. A., klarge-
legt wurden, konnten früher schon bei anderen
schwachen Säuren beobachtet werden. Die Borsäure
wurde in dieser Hinsicht besonders eingehend untersucht.[1] Besonders interessant ist es, dass die sauren
Eigenschaften durch die Gegenwart polyvalenter Al-
kohole wie: Mannit, Erithrit, Glycerin u. s. w.

---

[1] Kahlenberg und Schreiner. Ztschr. f. Phys. Ch. XX. 547.

bedeutend erhöht werden. Wahrscheinlich bilden sich dabei complexe Jonen von stärker negativem Charakter. Auf diese Einwirkung von Glycerin fussend, gelang es Jörgensen,[1] die Borsäure ziemlich genau mit Natriumhydroxyd und Phenolphtalïen zu titrieren. Angeregt durch diese Publikation wurden auch mit der Tellursäure ähnliche Versuche ausgeführt, welche zu einem höchst befriedigenden Ende führten.

Zu der mit Natriumhydroxyd auf «rot» titrierten Tellursäure wurden 20$^{cc}$ Glycerin (neutral!) gefügt. Die rote Farbe verschwand sofort und es bedurfte eines beträchtlichen weiteren Zusatzes an Natronlauge, bis die Rotfärbung wieder auftrat. Der Gesammtverbrauch an Natronlauge entsprach nun aber genau dem Verhältnisse $1 NaOH : 1 H_2TeO_4$, so dass es also auf diese Weise möglich wird, die Tellursäure mit genügender Genauigkeit zu bestimmen:

| $\frac{1}{10}$ N Tellursäure | Verbrauch an $\frac{1}{10}$ N. NaOH | | Total NaOH = Verbrauch. |
|---|---|---|---|
| | vor dem Glycerinzusatz | nach dem Glycerinzusatz | |
| 20$^{cc}$ | 8,77$^{cc}$ | 1,33$^{cc}$ | 10,10$^{cc}$ |
| 20$^{cc}$ | 8,34$^{cc}$ | 1,71$^{cc}$ | 10,05$^{cc}$ |
| 20$^{cc}$ | 8,19$^{cc}$ | 1,81$^{cc}$ | 10.00$^{cc}$ |
| 20$^{cc}$ | 8,24$^{cc}$ | 1,91$^{cc}$ | 10,15$^{cc}$ |
| 40$^{cc}$ | 16,74$^{cc}$ | 3,24$^{cc}$ | 19,98$^{cc}$ |

Mittel 1$^{cc}$ $H_2TeO_4$ $\frac{1}{10}$ N = 0,502$^{cc}$ NaOH $\frac{1}{10}$ N.

---

[1] Ztschr. f. Angew. Ch. 1897. S. 5.

Die eigentümliche Wirkung des Clycerins ist wahrscheinlich auf die Bildung des Salzes:

$$
\begin{array}{l}
CH_2-O-TeO_2-O \ \vert\!-Na \\
\vert \\
CH-OH \\
\vert \\
CH_2-OH
\end{array}
$$

zurückzuführen, dessen komplexes Anion stärker negative Eigenschaften besitzt als dasjenige von:

$$[HTeo_4]' \ Na$$

Die Hydrolyse, welche das Mononatriumtellurat unter Bildung von Hydroxyljonen zersetzte, kommt bei dem stabileren glycerin-tellursauren Salze nicht zur Geltung, so dass also der Indikator das Vorhandensein von OH'jonen erst dann anzeigt, wenn alle Tellursäure in das Natriumsalz der Glycerintellursäure übergeführt ist. Durch einen weiteren Tropfen Natronlauge wird der Halbester in geringer Menge verseift. Das sich bildende neutrale Tellurat fällt aber sofort der Hydrolyse anheim und die dadurch entstehenden —OH'jonen bewirken die Rotfärbung. Bei der Titration starker Säuren, z. B. Schwefelsäure, mit Natriumhydroxyd wird hingegen die Endreaktion durch die —OH'jonen der im geringen Ueberschuss zugefügten Lauge bewirkt.

## C. Titration der Tellursäure durch Barytwasser.

Wurde an Stelle von Natriumhydroxyd Barium-hydroxyd zur Titration der Tellursäure verwendet, so entsprach der Verbrauch an letzterem nahezu der theoretisch zur Bildung des Neutralsalzes $BaTeO_4$ erforderlichen Menge. Der Grund hierfür ist in der Unlöslichkeit des Bariumsalzes zu suchen, wodurch es erstens der isohydrischen Einwirkung der Jonen des Wassers entgeht und zweitens vermag das Salz, da nicht in Lösung, also auch nicht in Jonen vorhanden, keinen einschränkenden Einfluss auf die Dissociation der Tellursäure auszuüben:

| Angewandte $H_2TeO_4$ $\frac{1}{10}$ N | Verbrauch an BaOH $\frac{1}{10}$ N. |
|:---:|:---:|
| 10$^{cc}$ | 10,36$^{cc}$ |
| ▪ 10$^{cc}$ | 10,33$^{cc}$ |
| 10$^{cc}$ | 10,42$^{cc}$ |
| 10$^{cc}$ | 10,41$^{cc}$ |

## D. Jodometrische Bestimmung der Tellursäure.

Aus Gooch's Laboratorium sind eine Reihe von Arbeiten hervorgegangen, welche die Klarlegung der Bedingungen zu einer sicheren Bestimmung der Selen- und Tellursäure auf jodometrischem Wege

zum Zwecke hatten.[1] Für die Reduktion der Tellursäure speziell wandte Gooch nur Bromwasserstoff-
säure an und erhielt damit sehr gut übereinstim-
mende Zahlen. Schon Bunsen jedoch hat darauf hingewiesen, dass sich dieselbe auch mit Salzsäure bewirken lasse; darauf bezügliche Beleganalysen finden
sich aber in der Litteratur nicht vor. Diese Lücke
auszufüllen bezwecken nachstehende Angaben.

Bei meinen Analysen bediente ich mich des für
diese Zwecke gebräuchlichen Apparates in seiner ein-
fachsten Form.

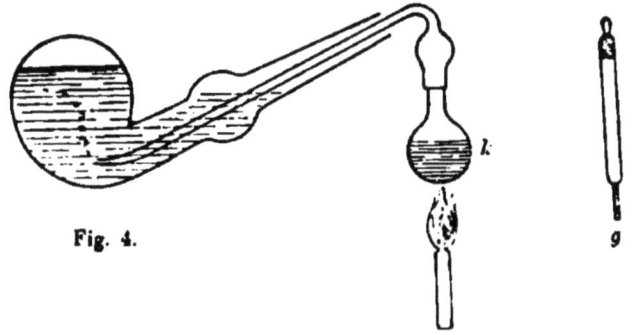

**Fig. 4.**

Mittelst eines schmalen Wägegläschens g wurde
eine bestimmt Menge der festen Säure in das 100$^{cc}$
fassende Kölbchen K gebracht, 50$^{cc}$ rauch. Salzsäure
hinzugefügt und ungefähr die Hälfte der lezteren ab-
destilliert, wobei die Reaktion

$$TeO_3 + 2HCl \longrightarrow 2Cl + TeO_2$$

Platz griff. Das Chlor und die übrigen Destillations-

---

[1] Ztschft. f. Anorg. Ch. X. 248; 253; 256; ebendaselbst VII. 132.

produkte gelangten in die ungefähr 500cc verdünnte Jodkaliumlösung enthaltende, durch Wasser beständig gekühlte Retorte. Die Menge des ausgeschiedenen Jodes wurde durch Titration mit einer nach verschiedenen Methoden aufs Genaueste gestellten $^1/_{10}$ N. Thiosulfatlösung ermittelt. Durch eine Reihe von blinden Versuchen war festgestellt worden, dass unter den eingehaltenen Versuchsbedingungen stets 0,01$^{cc}$ Thiosulfat in Abrechnung zu bringen waren.

Es braucht kaum erwähnt zu werden, dass die benutzte Burette aufs Genaueste kontrolliert war und dass die eingetretenen Temperaturschwankungen Berücksichtigung fanden.

Unter Benützung der Formel

$$Te = \frac{20,000 \times \text{Einwage}}{\text{cc } \frac{1}{10} \text{ N. Thiosulfat}} - [3 \, H_2 \, O + 3 \, O]$$

liess sich die Grösse des Atomgewichts des Tellurs ermitteln. Die gute Uebereinstimmung des auf diese Weise gefundenen mittleren Wertes mit den nach den anderen, später zu besprechenden Methoden (sub E), erhaltenen Zahlen ist ein Beweis für die Genauigkeit dieser jodometrischen Bestimmungsmethode.

| Nr. | $H_2TeO_4$. $2H_2O$ Angewandte Säure | Verbrauch an Thio-sulfat $\frac{1}{10}$ N. | Berechnete Menge Säure Te = 127.0; O = 16 H = 1.008 | Fehler |
|---|---|---|---|---|
| 1 | 0,22911 gr. | 20,00$^{cc}$ | 0,2290.$_5$ gr. = 99,978 Proc. | —0,0000.$_5$ gr |
| 2 | 0,5736 » | 50,02$^{cc}$ | 0,5728.$_5$ » = 99,869 » | —0,0007.$_5$ » |
| 3 | 0,4038 » | 35,21$^{cc}$ | 0,4032.$_4$ » = 99,861 » | —0,0005.$_6$ » |
| 4 | 0,4393 » | 38,30$^{cc}$ | 0,4386.$_3$ » = 99,847 » | —0,0006.$_7$ » |
| 5 | 0,32331 » | 28,22$^{cc}$ | 0,3231.$_9$ » = 99,996 » | —0,0000.$_1$ » |

Die daraus berechneten Atomgewichte sind, für
O = 16, H = 1,008

Nr. 1 Te = 127,16
» 2 Te = 127,28
» 3 Te = 127,32
» 4 Te = 127,35
» 5 Te = 127,09

Mittel Te = 127,24.

### E. Ueber das Atomgewicht des Tellurs.

Die noch unbestimmte Stellung des Tellurs in der periodischen Anordnung der chemischen Elemente hat namentlich in den letzten Jahren Anlass zu ausführlichen Diskussionen gegeben und verschiedene Forscher zu eingehenden Studien über das Atomgewicht bewogen.

Schon Berzelius machte zu Beginn dieses Jahrhunderts die Atomgewichtsbestimmung des Tellurs

zum Gegenstande seiner Untersuchungen und fand
durch Oxydation des Tellurs mit Salpetersäure:

$$Te = 128.38$$

v. Hauer[1] gelangte 1857 durch Analyse des
wasserfreien Kaliumtellurbromids zu:

$$Te = 128$$

Im Jahre 1879 wiederholte Wills[2] vorige Versuche und fand bei Benützung der Berzelius'schen
Methode Werte schwankend von

$$Te = 126,31 \text{ bis } Te = 129,34$$

nach von Hauer zu:

$$Te = 126,07 \text{ bis } Te = 127,61.$$

Zu besseren Resultaten gelangte Wills, indem er bei
der Oxydation des Tellurs die Salpetersäure durch
Königswasser ersetzte, nämlich:

$$Te = 127,77 \text{ bis } Te = 128,0.$$

Im Jahre 1883 veröffentlichte Brauner[3] seine
erste Arbeit über Tellur, welche besonders deshalb
die allgemeine Aufmerksamkeit erregte, weil er bei
seinen Untersuchungen zu der Zahl 125 = Te gelangte, wie sie das periodische Gesetz in seiner heu-
tigen Form verlangt. Sechs Jahre später jedoch

---

[1] Journ. f. pract. Ch. (1858) 73. 98.
[2] Journ. ch. Soc. (1879) 704—713. A. 202. 242.
[3] Ber. d. ch. Ges. (1883) 16. 9055 R.

legte er der K. K. Akademie der Wissenschaften in
Wien unter dem Titel [1]: «Eine Anormalie des periodischen Systems» abermals eine Abhandlung über
den gleichen Gegenstand vor. Durch die Analyse
von Tellurdioxyd und durch die volumetrische Brom-
bestimmung in Tellurtetralbromid mittelst Silbernitrat gelangte er diesmal zu den Atomgewichten

$$\text{Te} = 127,5 \text{ resp. } \text{Te} = 127,6$$

Da jedoch diese Zahl, bei Aufrechterhaltung der Zu-
gehörigkeit des Tellurs zur Schwefelgruppe, mit dem
periodischen System der Elemente im Widerspruch
steht, so glaubte Brauner den elementaren Charakter
des Tellurs in Frage stellen zu müssen.

Dieser Hypothese trat im Jahre 1895 Staudenmaier [2] entschieden entgegen, indem er nachwies,
dass die Experimente, welche Brauner gewisser-
massen als Stütze für seine Annahme anführte, nicht
unanfechtbar seien. Besonders aber wurde Staudenmaier dadurch zur Erkenntniss der Einheitlichkeit
des von ihm dargestellten Tellurs gebracht, dass die
Untersuchung verschiedener Fraktionen, welche er
bei der Krystallisation der Tellursäure erhielt, stets
zu dem nämlichen Werte

$$\text{Te} = 127,6$$

führte.

[1] Sitzungsbericht. K. K. Akad. d. Wiss. Wien (1889) 98,
2b, 456 od. M. X. 411—457.
[2] Ztschr. Anorg. Ch. X. 209.

Diese zuerst von Brauner ermittelte Zahl fand neuerdings eine weitere Bestätigung durch die von Masumi Chikashigé[1] ausgeführten Atomgewichtsbestimmungen, welche sich auf japanisches Tellur erstreckten. In japanischem Schwefel kommt nämlich Tellur zu 0,17 Proc. mit Selen und mit Arsen. vor und Chikashigé hat solches benützt, um die Brauner'schen Vermutungen über die im Tellur enthaltene untrennbare Beimengung eines oder mehrerer Elemente mit höherem Atomgewicht zu prüfen. Denn da das bisher untersuchte europäische und amerikanische Tellur aus Verbindungen mit Schwermetallen herstammt, so erwartete er hier, dass etwaige Beimengungen ähnlicher Elemente gar nicht oder doch in ganz andern Verhältnissen vorhanden sein würden. Die Versuche wurden ganz nach den von Brauner angeführten Angaben ausgeführt: Analyse des Tetrabromids, und das Ergebnis war:

$$Te = 127,6$$

welches identisch mit der von Brauner erhaltenen Zahl ist.

Ein ähnlicher Gedanke leitete mich, als ich es unternahm, die Staudenmaier'schen Atomgewichtsbestimmungsmethoden auf das mir zur Verfügung stehende Tellur tasmanischer Provenienz anzuwenden. Staudenmaier benützte folgende beiden Verfahren[2]:

---

[1] Journ. ch. Soc. 1896. 881—885.
[2] Ztschr. Anorg. Ch. X. 194—209.

1. Ueberführung der Tellursäure in Tellurdioxyd durch Erhitzen

$$H_2TeO_4.2H_2O = TeO_2 + 3H_2O \overset{\nearrow}{+} O$$

2. Reduktion der Tellursäure oder des Tellurdioxyds im Wasserstoffstrome bei Gegenwart von molekularem Silber, welches durch die Bindung des Tellurs in Form von Silbertellurid Tellurverluste durch Verflüchtigung verhindert.

Er berechnete seine Resultate auf

Sauerstoff $= 16$
Wasserstoff $= 1,0032$

Vergleichshalber werde ich auch diese Werte benützen, mich jedoch bei Ermittlung des wirklichen Atomgewichts des Tellurs auf die Grössen[1]

Wasserstoff $= 1,008$
Sauerstoff $= 16$
Jod $= 126,864$

beziehen.

---

[1] Karl Seubert trat neuerdings (Ztschr. anorg. Ch. XIII. 229) für den Wasserstoff «als Einheit» ein. Auf Grund der neuesten Untersuchungen von Morley verhalten sich die Atomgewichte von: H : O = 1 : 15,879.

Eine grosse Anzahl von Forschern, die sich mit diesem Gegenstande befassten, in neuester Zeit F. W. Küster (Ztschr. An. Ch. XIV. 251) und B. Brauner (Ztschr. Anorg. Ch. XIV. 256) schlagen jedoch vor, auf die früher lange allgemein als Grundlage dienende Zahl O = 16 zurückzugreifen, da das Verhältnis des Sauerstoffs zu den meisten bekannten Elementen mit viel grösserer Sicherheit ermittelt ist, als dasjenige von O : H, weshalb erstere Proportion als weit sicherer Massstab für die Grösse der Atomgewichte anzusehen ist.

### 1. Ueberführung der Tellursäure in Tellurdioxyd:

Die bis zum constanten Gewichte im Vakuum über Phosphorpeutoxyd aufbewahrte, fein pulverisierte Tellursäure wurde mittelst eines Trichterchens auf den Boden eines dünnwandigen Kölbchens aus schwerschmelzbarem Glas gebracht, dessen Bauch ungefähr 10$^{cc}$ fasste und dessen Hals 15cm lang war.

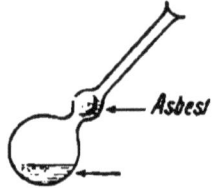

In letzteren wurde ein Pfropfen von ausgeglühtem, reinem Asbest gebracht, der den Zweck hatte, mechanisch beim Erhitzen durch die entweichenden Wasserdämpfe mitgerissenes Tellurdioxyd zurückzuhalten. Anfangs wurde bis zur Entwässerung im Luftbade erwärmt; zur Ueberführung von Tellurdioxyd in das Dioxyd wurde aber die freie Flamme benützt, zwar mit der Vorsicht, dass nur die Kugel der Flamme ausgesetzt war, der Hals des Kölbchens aber kalt blieb.

Staudenmaier hat nachgewiesen, dass Verlust an Tellurdioxyd durch Verflüchtigung unter diesen Umständen nicht stattfindet. Der Methode kann nur der Vorwurf gemacht werden. dass selbst durch noch so feines Pulverisieren der Tellursäure nicht umgangen werden kann, dass dennoch Spuren von Mutterlauge eingeschlossen bleiben können, und die Gewichtsabnahme beim Erhitzen deshalb etwas grösser sein wird, als der Gleichung

$$H_2TeO_4.2H_2O = TeO_2 + \underline{3H_2O + O}$$

entspricht. In der That hat Staudenmaier nach diesem Verfahren auch um 0,5 bis 0,7 niedrigere Werte erhalten als nach der 2. Methode.

Nach Ermittelung der eingetretenen Gewichtsabnahme berechnete ich das Atomgewicht nach der Formel:

$$Te = \frac{[3H_2O + O] \times Einwage - [3H_2O + 3O] \times Abnahme}{Abnahme}$$

1. Versuch : 1,3523.$_6$ gr. Tellursäure ergaben Gewichtsverlust = 0,4143.$_1$ gr.

2. Versuch : 1,7685.$_9$ gr. Tellursäure ergaben Gewichtsverlust = 0,5412.$_2$ gr.

Aus Versuch 1. . . . . Te = 126,60
» » 2. . . . . Te = 126,84
Mittel Te = 126,72

## 2. Reduktion des Tellurdioxyds zu Tellur.

Staudenmaier reduzierte sowohl Tellursäure als auch Tellurdioxyd. Ich zog es vor, nur das letztere für die Atomgewichtsbestimmung zu benützen, um die durch den unbestimmten Wassergehalt der krystallisierten Tellursäure bedingten Fehlerquelle zu vermeiden.

Das Dioxyd stellte ich durch Erhitzen einer Krystallscheibe reinster Tellursäure im gereinigten Luftstrome her. Die Temperatur wurde auf wenig über 600° C gesteigert, wobei das Tellurdioxyd als weisse, nicht geschmolzene und infolgedessen leicht zerreibliche Masse erhalten wurde. Ein kleiner Teil derselben wurde zur Prüfung auf Reinheit geschmolzen: das Gewicht blieb konstant. Eine zweite, in Alkali gelöste Probe entwickelte mit Salzsäure kein Chlor. Beide Versuche ergaben die vollständige Abwesenheit von Tellurtrioxyd.

Zur Herstellung des Silbers benützte ich die Stas'sche Methode, da dieselbe das Silber nicht nur in einem hohen Grade von Reinheit, sondern auch in der nötigen feinen Verteilung liefert. Ich ging dabei von einem schon sehr reinen, durch Elektrolyse aus Feinsilber hergestellten Produkte aus, und fällte das Silber aus seiner ammoniakalischen Nitratlösung bei Gegenwart von etwas Kupfernitrat mit schwefliger Säure in der Wärme. Das Kupfer wirkt dabei als Reduktionsvermittler. Das abgeschiedene Metall wurde successive mit Ammoniumsulfit, Ammoniak und Wasser gewaschen.

Wasserstoff: Grosses Gewicht wurde auf Verwendung von absolut reinem Wasserstoff gelegt. Derselbe wurde durch Elektrolyse einer siebenprocentigen Kalilauge erzeugt und dabei umstehender Apparat benützt.

Eine Zweiliterflasche g mit abgesprengtem Boden befand sich in einem mit Kalilauge gefüllten Batterie-

glase. An der innerhalb g befindlichen Kathode aus Platin entwickelt sich der Wasserstoff und wurde in einem Gasometer aufgefangen. Die ausserhalb g angebrachte Nickelanode war fest mit der Glasglocke verbunden und ebenso die Platinkathode, so dass sich beide mit derselben hoben und senkten. Der Apparat bedurfte, einmal im Gang, keiner besonderen Wartung, da der Ablauf des Wassers aus dem Gaso-

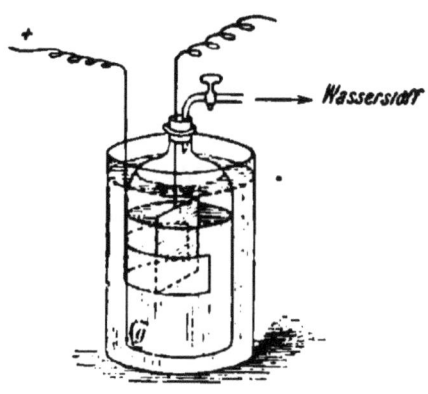

meter leicht so reguliert werden konnte, dass die austretende Menge Flüssigkeit der gleichzeitig entwickelten Wasserstoffmenge entsprach. Wurde dennoch mehr Gas produziert, als Wasser abfloss, so hob sich die Glocke aus der Kalilauge empor und mit ihr die Elektroden, so dass die Entwicklung so lange selbstthätig unterbrochen wurde, bis der Ueberschuss an Gas in den Gasometer gelangt war. Dem Hinübersteigen von Kalilauge in den Gasometer bei zu langsamer Gasentwicklung war durch ein geeignetes, mit der Kalilauge steigendes und fallendes Ventil vorgebeugt worden.

Ueber die Methode der Wägung: Ich bediente mich eines eigens für diese Arbeit aufs Genaueste controllierten Gewichtssatzes und einer sehr empfindlichen Wage, welche während der ganzen Dauer meiner Untersuchungen ausschliesslich von mir benützt wurde. Die Temperatur des Wägezimmers wurde stets beobachtet, zeigte jedoch keine grossen Schwankungen. Bevor die betr. Substanzen zur Auswage gelangten, wurden sie mindestens 12 Stunden im Wägeraum aufbewahrt, da die gewöhnlich vorgeschriebene Dauer von $^1/_2$ Stunde in manchen Fällen als zum Temperaturausgleich nicht genügend befunden wurde. Zur Gewichtsermittlung wurde die Methode der Schwingungen benützt. Vor und nach jeder Wägeoperation wurde der Nullpunkt der Wage fixiert und in jedem einzelnen Falle ihre Empfindlichkeit bei der betreffenden Belastung festgestellt. Für jeden Versuch mussten also drei solcher Wägungen ausgeführt werden, nämlich

1. Schiffchen
2. Schiffchen $+$ $TeO_2$
3. Schiffchen $+$ $TeO_2$ $+$ $Ag.$,

so dass also für jeden Versuch vier Nullpunkts- und drei Empfindlichkeitsbestimmungen der Wage erforderlich waren. Die gleichen Vorsichtsmassregeln wurden beim Auswägen nach der Reduktion des Tellurdioxyds beobachtet und das wahre Gewicht aus dem gefundenen unter Berücksichtigung von

Barometerstand und Temperatur durch Reduktion auf den luftleeren Raum ermittelt.

Ausführung des Versuches: Der Wasserstoff musste, bevor er in das Reduktionsrohr eintrat, eine Reihe von Waschflaschen passieren, nachdem er zuvor schon über glühende Kupferdrahtnetze und Palladiumasbest geleitet worden war, um ihn von Sauerstoff zu befreien. Das mittelst festem Kaliumhydroxyd, Chlorcalcium und Schwefelsäure getrocknete Gas gelangte in die zur Aufnahme des Tellurdioxyds bestimmte, schwerschmelzbare Glasröhre, welche an ihrem Ende ein mit Chlorkalcium gefülltes U-rohr trug; letzteres war mit zwei eingeschliffenen Glasstöpseln versehen, mit deren Hülfe die Reduktionsröhre luftdicht abgeschlossen werden konnte. Durch diese Absperrhähne wurde der Wasserstoffstrom reguliert, so dass der ganze Apparat unter dem Drucke der Wassersäule des Gasometers stand, wodurch eine Undichtheit im Apparat sofort bemerkt werden musste. Der Apparat selbst war unter möglichster Vermeidung von Verbindungsstellen zusammengefügt worden. Wo solche nicht umgangen werden konnten, wurden die hart auseinanderstossenden Glasteile durch starkwandigen Kautschukschlauch mit einander verbunden und durch Drahtligaturen gesichert.

Der benützte Wasserstoff und der beschriebene Apparat entsprachen, wie ein blinder Versuch (Erhitzen von mol. Silber im Platinschiffchen) zeigte, den an sie gestellten Anforderungen.

Das in einem Platinschiffchen ausgewogene Tellurdioxyd wurde mit der mehrfachen theoretisch zur Bildung von Silbertellurid erforderlichen Menge Silbers mit Hülfe eines feinen Silberdrahtes gemischt, dieser ebenfalls im Schiffchen gelassen und die Oberfläche der Mischung mit einer ca. 3 mm. dicken Schicht von Silber bedeckt. Das Schiffchen wurde in die Röhre des kleinen Verbrennungsofens geschoben, welche den letzten Bestandteil des ganzen Apparates bildete. Alle im Apparate enthaltene Luft wurde durch mehrstündiges Durchleiten von Wasserstoff vollständig verdrängt und hierauf bei ganz kleinen Flammen auf 220 bis 250° C. erhitzt. Bei wenig über 200° C. traten die ersten Anzeichen eingetretener Reduktion durch Bildung eines Wasseranfluges im kalten Teile der Röhre ein. Die Temperatur wurde so lange bei 250° gehalten, bis sich keine weitere Wasserbildung mehr zeigte. Erst dann wurde sie um weitere 30° gesteigert u. s. f. Diese ganz allmählige Steigerung der Temperatur ist bedingend für ein Gelingen des Versuches. Beobachtet man diese Vorsicht nämlich nicht und erhitzt rasch über 400°, so backt das Silber zusammen und erschwert dann den freien Zutritt des Wasserstoffs zum Tellurdioxyd. Die Temperaturerhöhung bis 400° beanspruchte daher mindestens vier Stunden und in weiteren 3 Stunden wurden 500° C. erreicht, bis zu welcher Temperatur sich die Verwendung eines Stickstoffthermometers als nützlich erwies. Von diesem Punkte an wurde etwas rascher bis zur

dunklen Rotglut und zuletzt auf helle Rotglut erhitzt,
bis zur Erreichung eines constanten Gewichtes.
Staudenmaier gibt an,[1] seine Tellursäure nach der
Entwässerung bei 250° beginnend bis 400° C. in
einem Luftbade und zur Beendigung ·der Reduktion
noch «kurze Zeit» in einem kleinen Verbrennungs-
ofen zur Rotglut erhitzt zu haben. Nach meiner
Erfahrung genügt jedoch dieses «kurze» Erhitzen
zur Rotglut keineswegs, um zu konstanten Gewichten zu gelangen. Ich war, um dies zu erreichen,
vielmehr gezwungen, die Temperatur schliesslich oft
stundenlang bei heller Rotglut zu erhalten, was durch
folgende Zahlen illustriert werden möge.

Gewicht des Schiffchens $+$ TeO$_2$ $+$ Ag . $=$ 10,9390 gr.

I., » nach Reduktion bei 400° C., 4stündiges Erhitzen $=$
10,6186 gr.

II., » » » » 600° C., 1$^1$/$_2$ » » $=$
10,5530 gr.

III., » » » » heller Rotglut $^1$/$_2$ » » $=$
10,5490 gr.

IV., » » » » heller Rotglut 1 » » $=$
10,5483 gr.

V., » » » » heller Rotglut 1$^1$/$_2$ » » $=$
Konstant

. Brauner hat gezeigt,[2] dass Silbertellurid erst bei
Weissglut eine Dissociation erleidet. Um aber dennoch sicher zu sein, dass kein Tellur durch Verflüchtigung bei meiner wesentlich höher als der von

---

[1] Ztschr. f. Anorg. Ch. X. 199.
[2] Monatshefte f. Ch. 422.

Staudenmaier vorgeschlagenen Temperatur, stattfinde,
legte ich hinter das Schiffchen eine gewogene Silber-
drahtnetzspirale, welche weniger hoch erhitzt war,
als das Schiffchen. Ohne Zweifel hätte dieselbe sowohl Tellurdämpfe zurückgehalten, als auch etwa
gebildeten, sehr labilen Tellurwasserstoff unter Bildung von Silbertellurid zersetzt. Sie blieb jedoch
vollkommen blank und ihr Gewicht nahm nicht zu,
weshalb sich Tellur nicht verflüchtigt haben konnte.
Die Beständigkeit des gebildeten Silbertellurids bei
der während mehreren Stunden eingehaltenen hohen
Temperatur ergibt sich aber auch unzweideutig aus
der Erreichung eines konstanten Gewichtes. Denn
wäre die Verbindung unter den gegebenen Umständen nicht beständig gewesen, so hätte das Gewicht
von Schiffchen + Inhalt fortwährend abnehmen
müssen, was nicht der Fall war.

Nach Beendigung der Reduktion liess ich im
Wasserstoffstrom erkalten und evakuierte alsdann.

1,3590.₈ gr. Teo₂ ergaben 0,2735₃ gr. Gewichtsabnahme somit
$$Te = 126,99$$
1,9403.₈ gr. Teo₂ ergaben 0,3905₀ gr. Gewichtsabnahme somit
$$Te = 127,00$$

Da bei diesen beiden Versuchen so gut harmo-
nierende Resultate erhalten wurden, so sah ich von
der Ausführung weiterer Bestimmungen ab.

## Zusammenstellung der erhaltenen Werte für das Atomgewicht.

I. Die jodometrische Bestimmung ergab:

$$Te = 127,16$$
$$127,28$$
$$127,32 \quad \text{Mittel: } Te = 127,24$$
$$127,35$$
$$127,09$$

II. Ueberführung von $H_2TeO_4.2H_2O$ in $TeO_3$

$$Te = 126,60$$
$$= 126,84 \quad \text{Mittel: } Te = 126,72$$

III. Reduktion von $TeO_3$:

$$Te = 126,99$$
$$= 127,00 \quad \text{Mittel: } Te = 126,995$$

Methode I. . . . . $Te = 127,24$
Methode II. . . . . $Te = 126,72$   Mittel: $Te = 126,985$
Methode III. . . . . $Te = 126,99$

Das Mittel aus 9 Bestimmungen für das Atomgewicht des Tellurs ist somit:

$$Te = 127.985.$$

Da bei I. und II. krystallisierte Tellursäure verwendet worden war, und dieselbe etwas ungebundenes Wasser enthalten haben musste, so fielen naturgemäss die Resultate von I. etwas zu hoch, diejenigen von II. um ebensoviel zu niedrig aus. Methode III. ist unabhängig vom Wassergehalt der Tellursäure und die erhaltene Zahl für Tellur liegt, wie zu erwarten war, genau zwischen den Werten von I. und II.

Der Wert Te = 126,99 muss also als der richtige angesehen werden.

Auf   O = 16,00
aber  H = 1,0032  ungerechnet ergiebt derselbe Te = 127,0   während   Staudenmaier
fand Te = 127,6   nach d. Reduktionsmethode.
Das Mittel aus Methode I.        Te = 127,24
              und Methode II.     Te = 126,72

ist Te = 126,98 und entspricht also dem nach der Reduktionsmethode erhaltenen Werte Te = 126,99 sehr gut.

Die Differenz zwischen dem Atomgewichte des Jodes und demjenigen des Tellurs beträgt infolgedessen nur + 0.13.

# V.

# Eigenschaften der Tellursäure.

Währenddem die Strukturanalogen der Tellursäure, die Schwefelsäure und Selensäure in Bezug auf die chemischen und physikalischen Eigenschaften gründlich untersucht worden sind, ist sowohl über die freie Tellursäure als auch über die Salze wenig bekannt. ·

Folgende Abschnitte mögen zur Erweiterung der Kenntnis der Tellursäure beitragen.

---

## A. Neutralisationswärme der Tellursäure.

Die Versuche wurden in dem nach Herrn Dr. E. J. Constam's Angaben für das hiesige thermochemische Laboratorium erstellten Mischungscalorimeter ausgeführt.

Dieses besteht aus zwei cylindrischen Gefässen
A und B. Das Calorimeter A, sowie der darin be-
findliche Rührer sind aus Platin; es hat einen Raum-
inhalt von circa 750$^{cc}$., während der Inhalt des

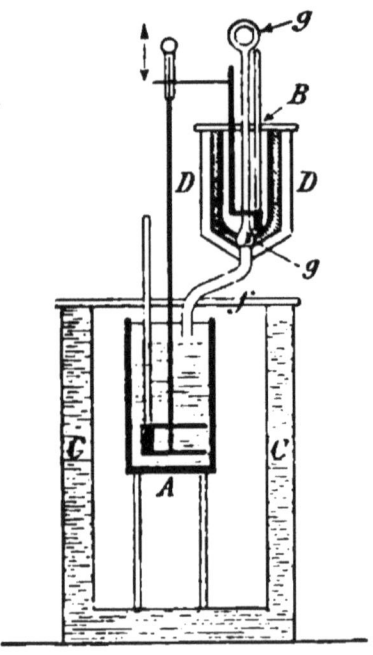

Glasgefässes B nur circa 400$^{cc}$. beträgt. Beide Gefässe sind durch concentrische Ringe gegen den Einfluss der äusseren Temperatur geschützt und zwar
ist B zunächst mit einer 1 cm dicken Filzschicht
umwickelt, um welche ein doppelter Metallcylinder
gelegt ist, während A auf einem Glasdreifusse steh-
end sich im innern Hohlraume eines mit Wasser

von konstanter Temperatur gefüllten Kupfercylinders
ca. 25 cm über dem Boden desselben befindet.

Das obere Gefäss B verengt sich unten in eine
Röhre f, welche durch ein Kegelventil g geschlossen
werden kann. f mündet ungefähr 2 cm. unterhalb des
oberen Randes des Platincalorimeters. Die Ringe C
und D sind mit Deckeln aus Hartgummi verschlossen,
welche aber die inneren calorimetrischen Gefässe nicht
berühren, sodass diese frei im inneren Raume sich
befinden. In beiden Deckeln sind kleine runde Oeff-
nungen zum Durchlassen der beiden Rührer und
des Kegelventils g, sowie zur Aufnahme der zwei
Thermometer angebracht. Die beiden Rührer werden
durch eine gemeinsame kleine Turbine vertikal auf
und abbewegt, so dass die Flüssigkeiten während
des Versuches in steter Bewegung sind, wodurch ein
guter Temperaturausgleich stattfindet. Die Thermometer, welche dem Golaz'schen Institute in Paris
entstammen, sind aufs sorgfältigste calibriert und für
jeden Zehntel Grad mit einander verglichen. Ihre
Teilung ist hundertstel Grade; da jedoch die Ab-
lesung unter Zuhülfenahme stark vergrössernder
Lupen geschah, so konnten mit Sicherheit noch tau-
sendstel Grade erkannt werden.

Auf die Genauigkeit thermochemischer Bestimmungen übt die Beschaffenheit des Arbeitslokales[1]
einen bedeutenden Einfluss aus. Im hiesigen thermochemischen Raume sind die Temperaturschwankungen

---

[1] Thomsen, Termochem. Unters. Bd. I.

durch seine doppelten Thüren und Fenster, sowie durch seine Lage im Keller gegen Norden, wodurch nie direktes Sonnenlicht eindringen kann, auf ein Minimum reduziert. Die Versuche wurden in den Stunden von mittags 12 Uhr bis 4 Uhr ausgeführt und während diesen Stunden waren erhebliche Schwankungen am Thermometer nicht zu konstatiren. Zur Beleuchtung der Thermometer während den Ablesungen diente eine winzige Glühlampe, welche mit einer doppelten Glasglocke versehen war.

Um die Werte für die Neutralisationswärme der Tellursäure mit Sicherheit mit den schon bekannten Werten anderer Säuren, im Besonderen mit denjenigen der Schwefel- und Selensäure vergleichen zu können, wurden zunächst unter ganz denselben Bedingungen zwei Versuche mit Schwefelsäure ausgeführt und ich werde an einem allgemeinen Beispiele sowohl den Verlauf des Versuches, sowie auch die Art der Benützung des Beobachtungsmaterials zur Berechnung der Neutralisationswärme zeigen.

Allgemeines Beispiel: Zur Sättigung der Säuren diente Natronlauge und die verwendeten Lösungen von Säure und Base waren genau $1/_2$ normal. Zur Darstellung der letzteren war es von Wichtigkeit, von einem absolut Kohlensäurefreien Natriumhydroxyd auszugehen, oder dasselbe nachträglich von seinem Kohlensäuregehalte zu befreien, da sonst bei der Neutralisation viel zu niedrige Resultate gewonnen worden wären, was sich leicht aus folgender Betrachtung ergibt:

6

Bei der Lösung des Kohlendioxydes in Wasser
tritt Wärme auf und auch die Vereinigung desselben
mit Natriumhydroxyd erfolgt unter positiver Wärmetönung.

$$[Co_2, \; H_2O] = 5882 \; ^{cal}$$
$$[NaOH + H_2O, \; CO_2] = 20184 \; ^{cal}$$
$$\overline{+ 26066 \; ^{cal}}$$

Bei der vollständigen Absorption eines Gramm-
moleküls gasförmiger Kohlensäure durch Natronlauge
treten rund 26 grosse Calorien Wärme auf. Genau
der umgekehrte Vorgang tritt ein, wenn die Kohlensäure durch eine stärkere Säure aus den wässerigen
Lösungen ihres Natriumsalzes verdrängt wird und
als Gas entweicht. Anstatt positiver Wärmetönung
tritt dann Wärmeverlust ein, der Vorgang ist ein
endothermischer.

Ich stellte mir deshalb auf folgende Weise eine
nahezu kohlensäurefreie Natronlauge her : In einer
konzentrierten, mehr als die nötige Menge NaOH enthaltenden Lösung wurde die Kohlensäure in einem
aliquoten Teile durch Austreiben mit Salzsäure und
Wasserstoff (Aluminiumdraht) im Lunge'schen Apparat volumetrisch bestimmt und zum Rest der Lösung die berechnete Menge einer $1/_{10}$ normal Barium-
hydratlösung gegeben, etwas verdünnt, erwärmt und
das ausgeschiedene Bariumcarbonat durch Filtration
in kohlensäurefreier Atmosphäre entfernt.[1] Zur weitern

---

[1] Siehe Seite 44. Apparat zur Filtration in einer beliebigen
Atmosphäre.

Verdünnung der Natronlauge bis zum gewünschten Gehalte wurde kohlensäurefreies, über Kalk destilirtes Wasser, verwendet.

Der Kohlensäuregehalt der Natronlauge wurde auf diese Weise

$$\text{von } CO_2 = 0,1844 \text{ Procent}$$
$$\text{auf } CO_2 = 0,0018 \quad \text{,, } \text{heruntergebracht}$$

und somit eine Lösung erhalten, deren Reinheit für den bedachten Zweck vollauf genügte.

Mehrere Tage vor Gebrauch wurden die beiden Lösungen zur Annahme der konstanten Temperatur in den thermochemischen Raum gebracht.

Der Wasserwert des Calorimeters wurde ein-für allemal aus dem Gewicht der mit der Flüssigkeit nach der Mischung in Berührung kommenden Materialien und ihren bezw. specifischen Wärmen berechnet:

| | |
|---|---|
| Platincalorimeter + Rührer = 150,54 gr.; | |
| Wasserwert . . . . . . . . . . . | = 4,9184 |
| Quecksilber des Thermometers = 34,95 gr.; | |
| Wasserwert . . . . . . . . . . | = 1,1636 |
| Eingetauchtes Glas des Thermometers = 5,36 gr.; | |
| Wasserwert . . . . . . . . . . . | = 1,0184 |
| Wasserwert der festen Bestandteile | = 7,1006 |

Mit einem auf Auslauf tarierten Messkolben wurden genau 300$^{cc}$ $^1/_1$ N. NaOH-lösung in das Platincalorimeter gebracht und auf gleiche Weise die äquivalente Menge Säure in das obere Gefäss B. Hierauf wurden die Rührvorrichtungen mit Hülfe der Turbine in Bewegung gesetzt und in Intervallen von genau einer Minute die Temperaturänderungen in beiden Gefässen festgestellt. Hieraus liess sich dann die mittlere Temperaturschwankung pro Minute ersehen und zur Korrektion der letzten derartigen Beobachtung verwenden.

Die Temperaturveränderung von Minute zu Minute darf sich nur in Bruchteilen von hundertstel Graden bewegen. War die letzte $= n^{te}$ Beobachtung nach Verlauf der $(n-1)^{ten}$ Minute ausgeführt worden, so wurde genau eine halbe Minute später das Ventil des Säuregefässes plötzlich geöffnet, wodurch die Säure in möglichst kurzer Zeit in das Platincalorimeter gelangte. Dort begann die Temperatur durch die Reaktionswärme zwischen Säure und Base alsbald zu steigen. Bei Minute n, also eine halbe Minute nach Oeffnung des Ventils, wurde wieder abgelesen. Das Maximum der Temperatur war gewöhnlich bei Minute $(n+1)$ erreicht. Der Quecksilberfaden verharrte einige Zeit auf dieser Höhe, um dann wieder stetig zu fallen. Wie vor Beginn des Versuches die Temperaturschwankungen der Lösungen zur Korrektion der Anfangstemperatur einige Minuten $(n-1)$ lang beobachtet wurden, so wurde jetzt für einige Zeit die Temperaturabnahme im Calorimeter verfolgt. Mit Hülfe der ermittelten mittleren Temperaturabnahme liess sich dann die wirkliche Maximaltemperatur aus der beobachteten berechnen.

Die entwickelte Wärme ist nun gleich dem

Produkte aus der Temperaturerhöhung und den er-
wärmten Massen; letztere, in Wasser ausgedrückt,
setzen sich zusammen aus dem Wasserwert der
festen Bestandteile des Calorimeters und dem Wasserwert der gebildeten Salzlösung: Natriumsulfat resp.
-tellurat. Da nun aber die specifischen Wärmen der
letzteren nur wenig von der Einheit verschieden ist, so
konnten sie ohne Bedenken als Wasser in Rechnung
gezogen werden.

An den Wandungen des obern Gefässes B blieb
bei jedem Versuche ungefähr $1^{1}/_{2}$ ᶜᶜ Säure haften,
so dass also etwas weniger als 300 ᶜᶜ Säure zur
Neutralisation gelangten. Dies musste natürlich berücksichtigt werden, weshalb in jedem einzelnen
Falle die zurückbleibende geringe Menge freier Säure
aufs genaueste bestimmt ($H_2so_4$ acidimetrisch, $H_2Teo_4$
jodometrisch) und von der Hauptmenge in Abzug
gebracht wurde.

In folgendem will ich nun den Gang der Berechnung an einem allgemeinen Beispiele klarlegen,
um dann das beobachtete Zahlenmaterial von vier
Versuchen in tabellarischer Anordnung folgen lassen
zu können. Ich bezeichne mit:

$t_1$ = die Temperatur der Natronlauge ⎫
$t_2$ = » » » Säure ⎬ corrigiert
T = » Maximaltemperatur der Mischung

$\dfrac{dt_1}{dz}$ = mittlere Temperaturschwankung d. NaOH vor d. Versuche pro Minute

$\dfrac{dt_2}{dz}$ = mittlere Temperaturschwankung d. Säure vor d. Versuche pro Minute

$\dfrac{dT}{dz}$ = mittlere Temperaturabnahme der Salzlösung pro Minute nach Erreichung der Maximaltemperatur.

w = den Wasserwert d. festen Bestandteile

$W_1$ = » » » Natronlauge $\Big\}$ Menge gr.

$W_2$ = » » » Säure

tm = die mittlere Anfangstemp. von Säure und Base

$\Delta t$ = » berechnete Temperaturerhöhung

Q = » entwickelte Wärmemenge in kleinen Calorien ausgedrückt

N = » die Neutralisationswärme pro ein Gramm-Molekül-säure in kleinen Calorien.

L = die Flüssigkeitsmenge in $^{cc}$, welche eine Gramm-Molekel Säure enthält.

Allg. Versuch :

| Beobachtung: | NaOH $t_1$ | Säure : $t_2$ | Mischung : T |
|---|---|---|---|
| Minute : | | | |
| 0 | $t_{1,0}$ | $t_{2,0}$ | |
| 1 | $t_{1,1}$ | $t_{2,1}$ | |
| 2 | $t_{1,2}$ | $t_{2,2}$ | |
| 3 | $t_{1,3}$ | $t_{2,3}$ | |
| | | | |
| | | | |
| n | $t_{1,n}$ | $t_{2,n}$ | |
| n + $^1/_2$ | (Mischung tritt ein) | | |
| n + 1 | | | $T_1$ = sei Maxim. d. Temp. |
| n + 2 | | | $T_2$ |
| n + 3 | | | $T_3$ |
| | | | |
| | | | |
| n + m | | | $T_m$ |

Hieraus ergibt sich:

$$\frac{dt_1}{dz} = \pm \frac{t_{1,n} - t_{1,0}}{n}$$

$$\frac{dt_2}{dz} = \pm \frac{t_{2,n} - t_{2,0}}{n}$$

$$\frac{dT}{dz} = - \frac{T_1 - \bar{m}}{m}$$

$$\frac{dt_1}{dz} \text{ und } \frac{dt_2}{dz}$$

können positiv oder negativ sein, je nachdem die Temperatur steigende oder fallende Tendenz zeigt. $\frac{dT}{dz}$ ist aber stets negativ. Erfolgte die Mischung, wie angenommen, bei Minute $[n + \frac{1}{2}]$ und war das Maximum der Temperatur schon bei Minute $[n + 1]$, also eine halbe Minute später erreicht, so waren die für diesen Zeitpunkt corrigierten Temperaturen:

$$t_1 = t_{1,n} \pm \frac{t_{1,n} - t_{1,0}}{2n} \qquad 1,$$

$$t_2 = t_{2,n} \pm \frac{t_{2,n} - t_{2,0}}{2n} \qquad 2,$$

$$T = T_1 + \frac{T_1 - Tm}{2m} \qquad 3.$$

Diese corrigierten Werte sind bei den folgenden Berechnungen in Berücksichtigung zu ziehen:

$$t\,m = \frac{[w + W_1].t_1 + W_2.t_2}{w + W_1 + W_2} \qquad 4,$$

$$\Delta t = T - tm \qquad 5,$$

$$Q = \Delta t.[w + W_1 + W_2] \qquad 6.$$

Q ist also diejenige Wärmemenge, welche durch die Neutralisation der aus B ausfliessenden Säuremenge

frei wird. Gewöhnlich werden die Neutralisations-
wärmen mit Bezug auf ein Gramm-Molekül ange-
geben (seltener auf das Aequivalentgewicht), und es
ist dann die Neutralisationswärme N.:

$$N = \frac{L}{W_2} \cdot Q \ , \qquad \text{oder bei Einsetzung der Werte obiger sechs Gleichungen:}$$

$$\left( N = \frac{L}{W_2} \cdot [T. (w + W_1 + W_2) - (w + W_1)t_1 - W_2 t_2] \right)$$

## 1. Die Neutralisationswärme der Schwefelsäure.

Die über $\frac{1}{2}$ normale Schwefelsäure wurde durch
Bestimmung ihres $H_2so_4$-Gehaltes als Bariumsulfat
und Zufügung der noch erforderlichen Menge Wassers
genau $\frac{1}{2}$ normal gemacht. Mit dieser Lösung wurde
dann die Natronlauge genau eingestellt.

Es wurden zwei Neutralisationsversuche mit
Schwefelsäure in der schon beschriebenen Weise
ausgeführt und dabei folgende Beobachtungen gemacht.

Versuch I.

Tabelle I.

| Beobachtung : | $t_1$ | $t_2$ | T |
|---|---|---|---|
| Minute : | | | |
| 0 | 14,120° C | 14,241° C | |
| 1 | 14,126° » | 14,248° » | |
| 2 | 14,131° » | 14,255° » | |
| 3 | 14,135° » | 14,260° » | |
| 4 | 14,137° » | 14,264° » | |
| 5 | 14,139° » | 14,269° » | |
| 6 | 14,140° » | 14,274° » | |
| 6½ | Mischung | | |
| 7 | | | 18,090° C |
| 8 | | | 18,086° » |
| 9 | | | 18,070° » |
| 10 | | | 18,058° » |
| 11 | | | 18,040° » |
| 12 | | | 18,029° » |
| 13 | | | 18,015° » |
| 14 | | | 18,000° » |
| 15 | | | 17,986° » |

Versuch II.

Tabelle II.

| Beobachtung : | $t_1$ | $t_2$ | T |
|---|---|---|---|
| Minute: | | | |
| 0 | 13,980° C. | 14,185° C. | |
| 1 | 13,985° » | 14,188° » | |
| 2 | 13,990° » | 14,190° » | |
| 3 | 13,995° » | 14,192° » | |
| 4 | 13,998° » | 14,195° » | |
| 5 | 14,002° » | 14,196° » | |
| 6 | 14,006° » | 14,198° « | |
| 7 | 14,010° » | 14,200° » | |
| 8 | 14,013° » | 14,200° » | |
| 9 | 14,017° » | 14,200° » | |
| 9½ | Mischung | | |
| 10 | | | 17,992° C. |
| 11 | | | 17,986° » |
| 12 | | | 17,970° » |
| 13 | | | 17,959° » |
| 14 | | | 17,947° » |
| 15 | | | 17,937° » |

## Zusammenstellung der Resultate beider Versuche für H₂SO₄, berechnet aus Tabelle I. und II.

### Tabelle III.

| Ver-such | W₁ | W₂ | w | t₁ | t₂ | T | $t_m$ | Δt | $\frac{dt_1}{dz}$ | $\frac{dt_2}{dz}$ | $\frac{dT}{dz}$ | Q L = 4000 | N |
|---|---|---|---|---|---|---|---|---|---|---|---|---|---|
| I | 300 | 297,7 | 7,1 | 14,143 | 14,279 | 18,096 | 14,212 | 3,884 | +0,003 | +0,006 | −0,013 | 2349,1 | 31 562 cal |
| II | 300 | 298,64 | 7,1 | 14,021 | 14,202 | 17,998 | 14,110 | 3,888 | +0,004 | +0,002 | −0,011 | 2355,2 | 31 546 cal |

Mittel : 31 554 cal

## Zusammenstellung der berechneten Resultate für Tellursäure.

### Tabelle VI. (Siehe Seite 102.)

| Ver-such | W₁ | W₂ | w | $\frac{dt_1}{dz}$ | $\frac{dt_2}{dz}$ | $\frac{dT}{dz}$ | t₁ | t₂ | T | $t_m$ | Δt | Q L = 4000 | N |
|---|---|---|---|---|---|---|---|---|---|---|---|---|---|
| III | 300 | 298,7 | 7,1 | +0,004 | +0,004 | −0,004 | 13,890 | 14,131 | 15,672 | 14,019 | 1,653 | 1001,4 | 13409,6 cal |
| IV | 300 | 299,0 | 7,1 | +0,006 | +0,001₆ | −0,002 | 13,936 | 14,131 | 15,682 | 14,035 | 1,647 | 998,23 | 13354,4 cal |

Mittel : 13382 cal

Diese beiden gut mit einander übereinstimmenden Versuche führten zu einem mittleren Werte für die Neutralisationswärme der Schwefelsäure, welcher ungefähr in der Mitte der von Thomsen[1] und von Berthelot[2] gefundenen Zahlen liegt.

Berthelot . . . . [H_2SO_4Aq,2NaOHAq] = 31884 col
Heberlein . . . .        »                = 31554 col
Thomsen . . . .          »                = 31380 col

## 2. Bestimmung der Neutralisationswärme der Tellursäure.

Das bei der Bestimmung der Neutralisationswärme der Schwefelsäure erhaltene Resultat leistete Gewähr für die Güte des verwendeten Apparates und für die Richtigkeit der Versuchsanordnung. Die $1/_2$ normale Tellursäure wurde durch Auflösen der berechneten Menge kryst. $H_2TeO_4,2H_2O$ in der nötigen Menge Wasser hergestellt.

---

[1] Berthelot : Traité pratique de calorimetrie chimique.
[2] Thomsen : Thermochemische Untersuchungen Bd. I.

Versuch III.

## Tabelle IV.

| Beobachtung : | $t_1$ | $t_2$ | T |
|---|---|---|---|
| Minute: | | | |
| 0 | 13,855° C | 14,095° C | |
| 1 | 13,860° » | 14,100° » | |
| 2 | 13,865° » | 14,102° » | |
| 3 | 13,870° » | 14,105° » | |
| 4 | 13,872° » | 14,110° » | |
| 5 | 13,875° » | 14,115° » | |
| 6 | 13,879° » | 14,118° » | |
| 7 | 13,882° » | 14,123° » | |
| 8 | Mischung Minute 7¹/₂ | | 15,660° C |
| 9 | | | 15,664° » |
| 10 | | | 15,658° » |
| 11 | | | 15,652° » |
| 12 | | | 15,648° » |
| 13 | | | 15,642° » |
| 14 | | | 15,636° » |

Versuch IV.

| Beobachtung: | $t_1$ | $t_2$ | T |
|---|---|---|---|
| Minute: | | | |
| 0 | 13,890° C | 14,120° C | |
| 1 | 13,895° » | 14,120° » | |
| 2 | 13,900° » | 14,122° » | |
| 3 | 13,906° » | 14,124° » | |
| 4 | 13,912° » | 14,124° » | |
| 5 | 13,918° » | 14,126° » | |
| 6 | 13,924° » | 14,128° » | |
| 7 | 13,930° » | 14,130° » | |
| 8 | Mischung Minute $7^1/_2$ | | 15,680° C |
| 9 | | | 15,680° » |
| 10 | | | 15,680° » |
| 11 | | | 15,675° » |
| 12 | | | 15,670° » |
| 13 | | | 15,670° » |
| 14 | | | 15,670° » |

(Tabelle VI siehe Seite 99.)

Die Neutralisationswärme der Tellursäure beträgt also pro Gramm-Molekül = 13380 cal. und ist im Vergleich zu anderen Säuren sehr gering:

| Metakieselsäure | N = 5230 cal |
|---|---|
| Metazinnsäure | N = 9570 cal |
| Tellursäure | N = 13380 cal |
| Schwefelwasserstoffsäure | N = 15500 cal |
| Kohlensäure | N = 20200 cal |

u. s. w.

Von ganz besonderem Interesse aber ist das

abweichende Verhalten der Tellursäure von der
Schwefelsäure und Selensäure bei der Neutralisation:

$$[H_2SO_4 \text{ Aq, } _2NaOH \text{ Aq}] = 31380 \text{ cal}$$
$$[H_2SeO_4 \text{ Aq, } _2NaOH \text{ Aq}] = 30390 \text{ cal}$$
$$[A_2TeO_4 \text{ Aq, } _2Nq] = 13380 \text{ cal}$$

Ein gleiches Missvserhältnis würde sich wahrscheinlich auch zwischen der schwefligen und selenigen
Säure einerseits, der tellurigen Säure andrerseits ergeben. Die Neutralisationswärme der letzteren ist
bis heute noch nicht bekannt, diejenige für die beiden
ersteren beträgt:

$$[H_2SO_3 \text{ Aq, } _2NaOH \text{ Aq}] = 28970 \text{ cal}$$
$$[H_2SeO_3 \text{ Aq, } _2NaOH \text{ Aq}] = 27020 \text{ cal}$$

## B. Kryoskopisches Verhalten der Tellursäure.

Die kryoskopische Molekulargewichtsbestimmung
der Tellursäure bestätigte die auch durch Bestimmung
ihrer elektrischen Leitfähigkeit erhellte Thatsache,
dass die Tellursäure beinahe gar nicht dissociiert ist.

Der Versuch wurde in der von Beckmann vor-
geschriebenen Weise ausgeführt und das Molekulargewicht nach der bekannten Formel:

$$m = K \cdot \frac{s}{\Delta \cdot L} \qquad \text{berechnet,}$$

worin: $K = 1890$, der Coefficient für das Wasser
$\Delta$ = die beobachtete Temperaturerniedrigung
$s$ = die eingewogene Substanz in Grammen
$L$ = das Gewicht des Wassers »   »

bedeutet.

In Tabelle I wurden die Berechnungen für

$H_2TeO_4 \cdot 2H_2O$ ausgeführt, in Tabelle II hingegen wurde das Krystallwasser vom Gewichte s der Substanz in Abrechnung gebracht und zum Lösungswasser L addiert.

### Tabelle I.

| L | s | Δ | m |
|---|---|---|---|
| · 8,35 | 0,1480 | 0,158° C | 212 |
| » | 0,2813 | 0,291° » | 219 } = 217 Mittel |
| » | 0,4844 | 0,482° » | 227,5 |

### Tabelle II.

| L | s | Δ | m |
|---|---|---|---|
| 8,373 | 0,1247 | 0,158° C | 178,2 |
| 8,394 | 0,2370 | 0,291° » | 183,4 = 184 im Mittel |
| 8,426 | 0,4081 | 0,482° » | 189,9 |

Für $H_2TeO_4 \cdot 2H_2O = 229 = M$ (Molekulargewicht)
und $H_2TeO_4 = 193 = M$ »

berechnet sich der Dissociationsgrad:

$$\text{aus Tab. I. } i = \frac{m}{M} = \frac{217}{229} = 0,947,$$

$$\text{aus Tab. II. } i = \frac{m}{M} = \frac{184}{193} = 0,953.$$

Demnach wären ungefähr 95 Proc. der Säure nicht dissociiert und 5 Proc. dissociiert. Da aber die Methode nicht ganz fehlerfrei ist, so wird sicher noch weniger als 5 Proc. der Tellursäure in wässeriger Lösung dissociiert sein.

## C. Die Leitfähigkeit der Tellursäure.

Aus dem Verhalten der Tellursäure bei der Titration mit Alkalien und aus ihrem kryoskopischen Verhalten geht hervor, dass sie eine sehr schwache Säure ist. Es war deshalb von Interesse, ihren Dissociationsgrad auch durch Ermittlung ihrer elektrischen Leitfähigkeit genau festzustellen.

In voller Uebereinstimmung mit der bei der kryoskopischen Molekulargewichtsbestimmung erhaltenen Zahl, stehen die Leitfähigkeitsversuche, welche ich mit einer $^1/_{32}$ normalen Tellursäurelösung anstellte. Ich fand für:

$$\mu_{32} = 0{,}963$$

Das zum Lösen der Tellursäure verwendete Wasser hatte die Leitfähigkeit $4{,}1 \times 10^{-6}$.

Da die Leitfähigkeit der freien Tellursäure so ausserordentlich gering ist, so wurde beabsichtigt, die Leitfähigkeit des Kaliumtellurats zu bestimmen, und den Wert $\mu_\infty$ für die Tellursäure hieraus unter Zuhülfenahme der Wanderungsgeschwindigkeiten von Kalium und von Wasserstoff zu berechnen.

Für die Messung der Leitfähigkeit wurde die bekannte Methode von Kohlrausch mit Wechselstrom und Telephon angewendet. Die Temperatur wurde konstant bei $25^\circ$ C. gehalten. Die Leitfähigkeit des Wassers betrug $4{,}1 \cdot 10^{-6}$. Die Kapazität des Widerstandsgefässes wurde mit einer genau eingewogenen $^1/_{50}$ normalen Chlorkaliumlösung bestimmt

7

und die specifische Leitfähigkeit dieser Lösung betrug in reciproken Siemenseinheiten:

$$K = 125,95$$

wie aus nachstehender Tabelle L hervorgeht.

Tab. L Kapacitätsbestimmung.                    $\mu_{50}$

| R | a | $\dfrac{b}{1000-a}$ | $\dfrac{b}{a}$ | $\dfrac{b}{a}$ . R |
|---|---|---|---|---|
| 10 | 170,5 | 829,5 | 4,865 | 48,650 |
| 20 | 292,0 | 708,0 | 2,425 | 48,500 |
| 30 | 382,4 | 617,6 | 1,6152 | 48,456 |
| 40 | 452,0 | 548,0 | 1,212 | 48,480 |
| 50 | 507,2 | 492,8 | 0,9616 | 48,080 |
| 60 | 552,7 | 447,3 | 0,8093 | 48,558 |
| 70 | 590,8 | 409,2 | 0,6927 | 48,486 |
| 80 | 622,5 | 377,5 | 0.6064 | 48,512 |
| 90 | 649,4 | 350.6 | 0,5399 | 48,589 |
| 100 | 673,0 | 327,0 | 0,4859 | 48,590 |
| 110 | 693,3 | 306,7 | 0,4424 | 48,660 |
| 120 | 711,7 | 288,3 | 0,4051 | 48,612 |
| 130 | 727,5 | 272,5 | 0,3745 | 48,691 |
| 140 | 742,3 | 257,7 | 0,3472 | 48,602 |
| 150 | 755,2 | 244,8 | 0,3242 | 48,624 |
| 160 | 767,0 | 233,0 | 0,3038 | 48,608 |
| 170 | 778,0 | 222,0 | 0,2854 | 48,718 |

Mittel : 48,554

Daraus berechnet sich :

$$K = \frac{b}{a} \cdot R \cdot 2,594$$

$$K = 125,95.$$

Es wurde von einer $^1/_{32}$ normalen Kaliumtelluratlösung ausgegangen, welche successive durch Verdünnen mit Wasser auf $\frac{1}{64}$, $\frac{1}{128}$, $\frac{1}{256}$, $\frac{1}{512}$ und $\frac{1}{1024}$ gebracht wurde. Bei all diesen Verdünnungsgraden wurde die Leitfähigkeit durch Einschaltung verschiedener Widerstände festgestellt und $\mu$ nach der Formel:

$$\mu = \frac{K . v . a}{R . b}$$ berechnet.

Das Tonminimum war nicht mit grosser Genauigkeit zu fixieren, da die Leitfähigkeit während der Beobachtung beständig zunahm.

Tab. II.  $K_2TeO_4$

| v | R | a | b | $\frac{b}{a}$ | $\mu$ | |
|---|---|---|---|---|---|---|
| | 32 | 456,5 | 543,5 | 1,1905 | 105,8 | |
| 32 | 40 | 512,2 | 487,8 | 0,9523 | 105,8 | $= 106,4 = \mu_{32}$ |
| | 48 | 561,5 | 438,5 | 0,7810 | 107,5 | |
| | 48 | 413,2 | 586,8 | 1,4200 | 118,3 | |
| 64 | 64 | 482,5 | 517,5 | 1,0725 | 117,4 | $= 117,6 = \mu_{64}$ |
| | 96 | 582,2 | 417,8 | 0,7176 | 117,1 | |
| | 64 | 323,0 | 677,0 | 2,0960 | 120,2 | |
| 128 | 128 | 493,2 | 506,8 | 1,0290 | 122,7 | $= 121,9 = \mu_{128}$ |
| | 192 | 594,0 | 406,0 | 0,6835 | 122,8 | |
| | 128 | 333,7 | 666,3 | 1,997 | 126,1 | |
| 256 | 192 | 430,0 | 570,0 | 1,326 | 126,7 | $= 126,4 = \mu_{256}$ |
| | 256 | 500,7 | 499,3 | 0,9972 | 126,3 | |
| | 384 | 431,0 | 569,0 | 1,320 | 127,2 | |
| 512 | 576 | 533,5 | 466,5 | 0,8745 | 128,0 | $= 127,8 = \mu_{512}$ |
| | 768 | 604,5 | 395,5 | 0,6543 | 128,3 | |
| | 640 | 388,2 | 611,8 | 1,576 | 127,8 | |
| 1024 | 960 | 490,1 | 509,9 | 1,036 | 129,1 | $= 129,2 = \mu_{1024} = \mu_\infty$ |
| | 1280 | 565,0 | 435,0 | 0,7699 | 130,9 | |

$\mu_{1024}$ kann man gleich $= \mu_\infty$ setzen und hieraus durch Subtraktion der Wanderungsgeschwindigkeit des Kaliums und Addition der Wanderungsgeschwindigkeit des Wasserstoffs die elektrolytische Leitfähigkeit der freien Säure bei unendlicher Verdünnung ermitteln.

Die gefundene Leitfähigkeit bei den verschiedenen Graden der Verdünnung gibt aber auch das Mittel an die Hand, die Basicität einer Säure zu bestimmen, indem nach der Ostwald'schen Valenzregel

$$\mu_{1024} - \mu_{32} = \Delta$$

bei einbasischen Säuren $\Delta = $ ca. 10
» zwei » » $\Delta = $ ca. 20
» drei » » $\Delta = $ ca. 30 ist.

Bei den Kaliumsalzen verhält sich die Sache ähnlich, wie ein Vergleich mit Ostwald's Zahlen zeigt: z. B. für KCl

$$\mu_{1024} - \mu_{32} = 139{,}9 - 127{,}3 = 12{,}6$$

für $K_2SO_3$

$$\mu_{1024} - \mu_{32} = 130{,}9 - 104{,}3 = 26{,}6.$$

Diese Berechnungsweise der elektrolytischen Leitfähigkeit und der Basicität einer Säure aus den Kaliumsalzen ist jedoch nur dann zulässig, wenn dieselben nur der elektrolytischen Dissociation nicht aber gleichzeitig einem durch das Lösungsmittel bewirkten hydrolytischen Zerfall unterworfen sind. Dies scheint nun allerdings beim Kaliumtellurat in hohem Grade der Fall zu sein, was schon aus dem Verhalten der Tellursäure bei der Titration mit Alkalihydroxyd unzweideutig hervorgeht. (Siehe Seite 64.)

Die Alkalisalze schwacher Säuren, z. B. der Kiesäure, der Kohlensäure, der Tellursäure u. s. f. zeigen die Eigenschaften, in wasseriger Lösung stark alkalisch zu reagieren. Sie sind nämlich in ihrer Lösung z. T. in freie Säure und Basis hydrolytisch zerfallen. Der Grund hierfür ist von Sv. Arrhenius in der isohydrischen Einwirkung[1] der Jonen des Wassers H· und OH' erkannt worden, welches hier die Rolle einer schwachen Säure übernimmt und daher nicht allzustarke Säuren aus ihren Salzen «verdrängt». Die direkt beobachtete Leitfähigkeit $\mu_v$ einer solchen hydrolytisch gespaltenen Kaliumtelluratlösung setzt sich also zusammen aus der Leitfähigkeit $\mu_v$ des noch vorhandenen ungespaltenen Salzes und der Leitfähigkeit $\mu_{KOH}$ des durch die Hydrolyse in Freiheit gesetzten Kaliumhydroxyds, während die Leitfähigkeit der in Freiheit gesetzten Tellursäure in Gegenwart ihres Salzes als verschwindend klein vernachlässigt werden kann. Es ist also, wenn x den Bruchteil des zu Säure und Basis hydrolysierten Salzes bezeichnet, nach der bereits von Walker gegebenen Gleichung:

$$\mu_v = (1-x) . \mu_v + x . \mu_{KOH}$$

woraus sich bei bekanntem x $\mu_v$ berechnen lässt.

Die in Tab. II. niedergeschriebenen Zahlen können also erst dann zur Berechnung der Leitfähigkeit der Tellursäure Verwendung finden, wenn der Hy-

---

[1] Ztschr. f. phys. Chemie 5.16, Ostwald ibid. 9.441, J. Walker ibid. 4.319, Shields ibid. 12.167, Nernst ibid. 9.160, Theoret. Ch. 416,

drolysationsgrad x des Kaliumtellurates bekannt ist.
Der Grad der Hydrolyse könnte z. B. rasch durch
eine kryoskopische Molekulargewichtsbestimmung
des Salzes bestimmt werden und ich hoffe bald Ge-
legenheit zu finden, diese Lücke auszufüllen, um
dann die Grösse des Quotienten $\frac{\mu_v}{\mu_\infty}$ feststellen zu können, welcher das sicherste Maass für die Reaktions-
fähigkeit der Tellursäure sein wird. Sv. Arrhenius
und Ostwald haben nämlich festgestellt, dass unter
denselben Umständen dieser Quotient aus der Leitfähigkeit $\mu_v$ bei endlicher Verdünnung eines Elektrolyten und ihrem Grenzwerte $\mu_\infty$ der Reaktionsfähig-
keit desselben proportional ist.

Die vollständige Durchführung dieser Bestimmung wird in Uebereinstimmung mit dem kryoskopischen Verhalten der Tellursäure und ihren übrigen
klargelegten Eigenschaften zu der Erkenntnis führen,
dass diese Säure nur in geringem Grade dissociiert ist
und infolgedessen eine sehr geringe Reaktionfähig-
keit besitzt.

## D. Einiges über wasserfreie Tellursäure Tellurtrioxyd und Tellurrate.

Beim Abbau der krystallisierten Tellursäure durch
Erhitzen gelang es Staudenmaier[1] nicht, die nach dem
Schema :

---

[1] Ztschr. Anorg. Ch. **X**. 200.

$H_2TeO_4.2H_2O$ —— $H_2TeO_4$ —— $TeO_3$      $TeO_2$

auftretenden Zwischenprodukte: $H_2TeO_4$ und $TeO_3$ in einigermassen reinem Zustande zu erhalten. Es entstanden dabei vielmehr stets Gemenge von zwei oder drei verschiedenen Substanzen. So fing z. B. das Trioxyd schon an, sich in Sauerstoff und Tellurdioxyd zu zersetzen, bevor alle Tellursäure in das Trioxyd übergegangen war, so dass sich in dem schliesslichen Produkte wasserfreie Tellursäure, Tellurtrioxyd und Tellurdioxyd nebeneinander vorgefunden haben konnten.

Anfangs hoffte ich dadurch zu reineren Zwischenkörpern gelangen zu können, dass ich die Säure im Vakuum bei Anwesenheit von Phosphorpentoxyd erwärmte. Die Zersetzungstemperaturen wurden durch die Druckverminderung allerdings bedeutend herabgesetzt, ihr relativer Abstand schien sich jedoch nicht wesentlich zu ändern, denn es wurden nie einheitliche Produkte erhalten.

### Wasserfreie Tellursäure: $H_2TeO_4$.

Mein Hauptaugenmerk richtete ich auf die Isolierung der Tellursäure, da deren Eigenschaften wenig bekannt sind.

Es ist eine allgemeine Erscheinung, dass die bei einer chemischen Reaktion auftretenden Reaktionsprodukte hindernd auf die Reaktion einwirken, sie unter gewissen Umständen zum Stillstand bringen können oder sogar einen im umgekehrten Sinne verlaufenden Vorgang einzuleiten vermögen.

Die krystallisierte Tellursäure $H_2TeO_4$ $2H_2o$ sollte nur ihrer beiden Moleküle Krystallwasser beraubt werden. Das einzige beim Erhitzen auftretende Reaktionsprodukt ist Wasser, doch war die Tension des Wasserdampfes beim Erhitzen der Säure im Luftstrome nicht genügend, um nicht auch das teilweise Entweichen jenes dritten Moleküles Wasser zu verhindern, welches an der Konstitution der Tellursäure beteiligt ist. Es gelang mir nun durch Erhöhung des Partialdruckes des Wasserdampfes, d. h. durch Entwässern der krystallisierten Tellursäure im Wasserdampfstrome von 200—210° C. zu einem Produkte zu kommen, welches infolge seiner annähernden Reinheit gestattete, einige Eigenschaften der wasserfreien Tellursäure zu erkennen.

Der Versuch wurde in folgender Weise ausgeführt: In einem Luftbade von 200—210° C. befand sich die zur Aufnahme des Schiffchens bestimmte Röhre. Der Wasserdampf wurde schon ausserhalb der Luftbades auf die erforderliche Temperatur vorgewärmt. Durch ein T-rohr war die Erhitzungsröhre einerseits mit dem Wasserdampferzeuger, andrerseits mit einem Luft enthaltenden Gasometer in Verbindung, so dass also nach Belieben entweder Wasserdampf oder Luft durchgeleitet werden konnte. Nachdem die Substanz etwa eine halbe Stunde bei 200—210° C. im Wasserdampfstrome erhitzt worden war, wurde die Temperatur durch Entfernen der Flamme und Oeffnen der Thüre des Luftbades in möglichst kurzer Zeit auf 130° C. heruntergebracht und hierauf ein kräftiger, reiner, kalter Luftstrom durch den Apparat geleitet. Die Röhre wurde auf diese Weise sofort absolut trocken, wodurch eine Wiederaufnahme von Wasser durch die entwässerte Säure ausgeschlossen war. Wie sich jedoch später herausstellte war diese Vorsichtsmassregel nicht unbedingt nötig, da die einmal entwässerte Säure sehr wenig Neigung zur Wiederaufnahme von Wasser besitzt.

Die so erhaltene wasserfreie Tellursäure war von weisser Farbe, löste sich in heisser conc. Salzsäure nur spurweise und wurde auch durch achttägige Berührung mit überschüssigem Wasser nicht wieder in die lösliche, durch Salzsäure unter Chlorentwicklung leicht zersetzliche Form zurückverwandelt. Durch Kochen mit Natronlauge konnte sie nicht in Lösung gebracht werden, während sie sich als in warmer Kalilauge leicht löslich erwies.

Da die wasserfreie Tellursäure auf Salzsäure nicht einwirkte, so war ich gezwungen, sie zum Zwecke ihrer jodometrischen Bestimmung in wenig conc. Kalilauge[1] zu lösen und dann erst mit überschüssiger conc. Salzsäure in bekannter Weise zu destillieren.

0,4503 gr. Substanz erforderten bei d. Titration 46,19$^{cc}$
$\frac{1}{10}$ normal Thiosulfat, woraus sich ergibt dass sie
0,4458 gr. $H_2Te_4$ enthielt, also 99 procentig war.

---

[1] Käufliches Kali enthält bisweilen Nitrate, was bei dieser Bestimmung natürlich nicht statthaft ist.

## Tellurtrioxyd.

Die Darstellung des reinen Trioxyds wurde nach ähnlichen Principien wie diejenige der wasserfreien Tellursäure zu ermöglichen gesucht. Die vorzeitige Zersetzung desselben in Dioxyd und Sauerstoff wurde durch Erhöhung des Partialdruckes des Sauerstoffs, also durch Erhitzen im Sauerstoffstrome,[2] statt im Luftstrome, verhindert.

$H_2TeO_4 . 2H_2O$ gibt theoretisch $= 76,315$ Proc. $TeO_3$

1. Versuch: 0,9865 gr. $H_2TeO_4 . 2H_2O$ gaben: 0,7505 gr. $TeO_3$
   $= 76,08$ Proc.
2. Versuch: 1,1721 gr. $H_2TeO_4 . 2H_2O$ gaben: 0,8119 gr. $TeO_3$
   $= 76,09$ Proc.

Berücksichtigt man, dass die Tellursäure nicht absolut trocken war, sondern wie auch aus den verschiedenen Atomgewichtsbestimmungen unzweideutig hervorgeht, ungefähr 0,2 Proc. ungebundenes Wasser enthalten haben musste, so können die Resultate immerhin als gute bezeichnet werden. Es erscheint also möglich, dass man beim Erhitzen im reinen Sauerstoffstrome unter gleichzeitiger strenger Einhaltung einer ganz bestimmten Temperatur (welche leider nicht festgestellt wurde) zu einem Produkte von konstanter Zusammensetzung gelangt.

---

[2] Das Gas wurde direkt einer Bombe entnommen; es enthielt: $O = 96$ Vol. Proc.
$N = 4$ Vol. Proc.

### Tellursaure Salze.

Während zwischen den Sulfaten und Seleniaten vollständige Uebereinstimmung im krystallographischen Habitus besteht, ist zwischen den Sulfaten und Telluraten kein einziger Fall von Isomorphie bekannt. Allerdings muss dabei in Betracht gezogen werden, dass die tellursauren Salze noch sehr wenig untersucht worden sind. Am besten bekannt ist das Kaliumsalz. Während es Retgers[1] nicht möglich war, Mischkrystalle dieses gewöhnlich mit 5 Molekülen Krystallwasser krystallisierenden Salzes mit dem Sulfat, Ferrat etc. zu erhalten, gelang es ihm, solche von Kaliumtellurat und -osmiat darzustellen. In diesem Falle enthielt das Salz nur zwei Moleküle Krystallwasser.

Ich stellte grössere Mengen von Kaliumtellurat her, indem ich eine mit Kalilauge übersättigte Tellursäurelösung stark eindampfte und im Vakuum über Schwefelsäure auskrystallisieren liess. Bei Beginn der Krystallisation war die Lösung syrupartig. Ein Tropfen auf dem Objectträger gab nach kurzem schöne monokline Krystalle, welche Herr Dr. Wehrli vom hiesigen mineralogischen Institute die Güte hatte, zu untersuchen.

Die meisten Krystalle zeigen das Orthopinakoid in Kombination mit dem Prisma ∞P und 2 flachen Domen, oder vielleicht oP' mit einem Doma, mit dem Klinopinakoid fast immer in senkrechter Stel-

---

[1] Ztschr. f. phys. Ch. Bd. VIII, 70.

lung, so dass letzteres nicht zur Beobachtung gelangt.
Einige Blättchen haben hexagonale Form aus der
Zone von $\infty P\tilde{x}$ zu $OP$. Sie zeigen gerade Auslöschung. Zwei Kryställchen waren ausgebildet, sodass
das Klinopinakoid beobachtet werden konnte, wobei
schiefe Auslöschung konstatiert wurde. Retgers
schreibt denselben fälschlicherweise gerade Auslöschung zu.[1] Es gelang Herrn Dr. Wehrli, eines der
hexagonalen Blättchen zu spalten, ein Spaltungs-
stück auf die Hochkante zu bringen und optisch zu
prüfen. Die Spaltungsrichtung musste annähernd
parallel dem Klinopinakoid verlaufen. Sie zeigte in der
That schiefe Auslöschung: Kaliumtellurat: $K_2TeO_4.5H_2O$
krystallisiert also monosymmetrisch.

Die Reindarstellung des Kaliumtellurats ist wegen
der Einwirkung der Kohlensäure auf dasselbe sehr
schwierig. Beim Einleiten von Kohlensäure in seine
Lösung wird es durch Ausscheidung von saurem
Kaliumtellurat und Bildung von Kaliumcarbonat zersetzt. Aber auch das feste Kaliumtellurat nimmt
begierig Kohlensäure aus der Luft auf.

Noch unbeständiger ist das Natriumsalz. Die
meisten übrigen Salze der Tellursäure sind unlösliche Verbindungen, weshalb sie bis heute noch nicht
in krystallisierter Form erhalten worden sind. Meine
Versuche, krystallisiertes Kupfertellurat auf dem
Wege der Dialyse zu erhalten, führten bis jetzt zu
keinem positiven Resultate.

---

[1] Ztschr. f. phys. Ch. Bd. VIII. S. 71.

# VI.

# Zusammenfassung und Schlussfolgerung.

## Zusammenfassung.

Dasjenige, was in der vorliegenden Arbeit als «neu» zu betrachten ist, kann in folgendem zusammengefasst werden:

In erster Linie wurde auf eine Reihe von Arbeitsmethoden aufmerksam gemacht, welche zur technischen Gewinnung des Tellurs aus tellurhaltigen Bleierzen geeignet erscheinen. Hieran schliessen sich Angaben zur zweckmässigen Reinigung von Rohtellur, welche es ermöglichen auf bedeutend raschere und einfachere Weise Reintellur zu erzeugen, als nach den bisher bekannten Methoden. Es wurde dann die Möglichkeit der elektrolytischen Darstellung der Tellursäure erwiesen. Es folgt dann die Beschreibung einiger neuer quantitativer Bestimmungsmethoden der Tellursäure und im Anschluss daran eine kritische Betrachtung des Verhaltens dieser Säure zu den Indicatoren.

Die Kenntnis der physikalischen Eigenschaften der Tellursäure wurde durch die Ermittlung ihrer Neutralisationswärme, ihres kryoskopischen Verhaltens und ihrer elektrischen Leitfähigkeit erweitert.

Den Schluss der Arbeit bildet die Wiedergabe der Darstellungsmethoden von wasserfreier Tellursäure und Tellurtrioxyd, sowie einiger Eigenschaften dieser Körper.

Ausserdem erstreckt sich der experimentelle Teil dieser Arbeit noch auf die Wiederholung der Staudenmaier'schen Atomgewichtsbestimmung, sowie seines Verfahrens zur Darstellung reiner Tellursäure und Beurteilung derselben.

## Schlussfolgerung.

Die Tellursäure wurde auf Grund ihres chemischen und physikalischen Verhaltens als eine äusserst schwache Säure erkannt. Sie ist ein schlechter Elektrolyt, da ihre Dissociation in wässeriger Lösung eine ganz unerhebliche ist.

Die bei den Atomgewichtsbestimmungen erhaltenen Resultate rechtfertigen an dieser Stelle einige Worte über die Einreihung des Tellurs in der periodischen Anordnung der Elemente.

Brauner[1] und Staudenmaier[2] entschieden sich
für den Wert 127,6 = Te, obwohl sie z. T. niedrigere Zahlen nach andern Methoden erhalten hatten.

Ich gelangte mit drei verschiedenen Bestimmungsmethoden zu bedeutend niedrigeren Resultaten, als
Staudenmaier nämlich im Mittel:

$$Te = 126,993$$

ein Wert, der sich von dem Atomgewichte des Jodes
J = 126,86 nurmehr um 0,1 unterscheidet.

Ob die Differenzen zwischen der von Staudenmaier und mir erhaltenen Atomgewichte lediglich
in der Arbeitsweise zu suchen sind, oder ob vielleicht ein Unterschied in dem angewandten Material
besteht, kann nur durch weitere eingehende Versuche über diesen Gegenstand entschieden werden.

Soviel steht jedoch fest, dass die Frage über
die Stellung des Tellurs in der periodischen Reihe
der Elemente unsicherer ist als je. Auf der einen
Seite sprechen das zu hohe Atomgewicht des Tellurs
und die mangelnde Isomorphie der tellursauren Salze
mit selen- und schwefelsauren Salzen für eine Stellung des Tellurs ausserhalb der Schwefel- und Selen-
gruppe, während auf der andern Seite die frappante
Structur- und chemische Analogie der Verbindungen
dieser drei Elemente ihre unzweideutige Zusammen-
gehörigkeit konstatieren.

Obwohl ich selbst auch den Wert des Atom-

---

[1] Wiener Monatshefte. Bd. X.
[2] Ztschr. f. Anorg. Ch. X. 189—221.

gewichtes von Tellur höher finde als den bekannten des Jodes, so ist doch der Unterschied zwischen beiden so gering, dass ich die Frage: «Tellur vor oder hinter Jod» auf Grund dessen nicht beantworten möchte. Ich schliesse mich vielmehr der Ansicht Herrn Retgers an, welcher er in seinem bemerkenswerten Aufsatze[1] «Ueber die Stellung des Tellurs im periodischen systeme» folgendermassen Ausdruck verleiht:

«Höchstwahrscheinlich sind die wahren Atomgewichte des Te und J nur sehr wenig (z. B. etwa 0,1) abweichend, so dass nur äusserst subtile Bestimmungen diese kleine, entweder positive oder negative Differenz mit Sicherheit nachweisen können.»

Ich habe die Ueberzeugung, dass zukünftige sorgfältige Untersuchungen über die Atomgewichte des Jodes und Tellurs dem letzteren seine berechtigte Stellung in der Schwefelgruppe anweisen werden und bin der Ansicht, dass man der Uebereinstimmung in der Structur und den chemischen Eigenschaften, welche zwischen Schwefel- Selen- und Tellurverbindungen besteht, vorderhand mehr Bedeutung beilegen sollte, als den ungenügend studierten krystallographischen Verhältnissen zwischen den Salzen der respectiven Säuren.

---

[1] Ztschr. f. Anorg. Ch. Bd. **XII.** 116.